BIBLIOTHÈQUE
DE PHILOSOPHIE CONTEMPORAINE

I0140475

LA

SCIENCE DE L'INVISIBLE

ÉTUDES

DE PSYCHOLOGIE ET DE THÉODICÉE

PAR

CHARLES LÉVÊQUE

Professeur de philosophie au Collége de France.

PARIS

GERMER BAILLIÈRE, LIBRAIRE-ÉDITEUR

Rue de l'École-de-Médecine, 17.

Londres | **New-York**
Hipp. Baillière, 219, Regent street. | Baillière brothers, 440, Broadway.

MADRID, C. BAILLY-BAILLIÈRE, PLAZA DEL PRINCIPE ALFONSO, 16.

1865

LA

SCIENCE DE L'INVISIBLE

ÉTUDES

DE PSYCHOLOGIE ET DE THÉODICÉE

OUVRAGES DE M. CHARLES LÉVÊQUE.

LA SCIENCE DU BEAU, ses principes, ses applications, son histoire. (Paris, 1862. Durand). Ouvrage couronné par l'Académie des sciences morales et politiques, par l'Académie française et par l'Académie des beaux-arts, 2 vol. in-8.

ÉTUDES DE PHILOSOPHIE GRECQUE ET LATINE. (Paris, 1864. Durand.) Un vol. in-8.

LE SPIRITUALISME DANS L'ART. (Paris, Germer Baillière, 1864.) Un volume.

LA SCIENCE DE L'INVISIBLE, Études de Psychologie et de Théodicée. (Paris, Germer Baillière, 1865.) Un volume.

LE PREMIER MOTEUR ET LA NATURE dans la doctrine d'Aristote. 1 vol.

QUID PHIDIÆ PLATO DEBUERIT ? In-8.

LA PHYSIQUE D'ARISTOTE ET LA SCIENCE CONTEMPORAINE. In-8.

PARIS. — IMPRIMERIE DE E. MARTINET, RUE MIGNON, 2.

LA
SCIENCE DE L'INVISIBLE

ÉTUDES

DE PSYCHOLOGIE ET DE THÉODICÉE

PAR

CHARLES LÉVÊQUE

Professeur de philosophie au Collége de France.

PARIS

GERMER BAILLIÈRE, LIBRAIRE-ÉDITEUR
Rue de l'École-de-Médecine, 17.

Londres | **New-York**
Hipp. Baillière, 219, Regent street. | Baillière brothers, 440, Broadway.

MADRID, C. BAILLY-BAILLIÈRE, PLAZA DEL PRINCIPE ALFONSO, 16.

1865

AVANT-PROPOS

Dieu, l'âme, la liberté, tels sont les trois sujets constamment traités dans ces *Études*. Nous ne connaissons pas de questions plus graves, plus importantes, plus actuelles, comme on dit, que celles qui se rattachent à ces réalités invisibles. Sur ces questions, nul esprit sérieux n'ose plus désormais rester indifférent. Quiconque n'est pas exclusivement dominé par la passion des intérêts matériels et a conservé quelque souci de la dignité de l'homme, de sa grandeur vraie, de son progrès moral, sent bien qu'il doit prendre un parti à l'égard de ces problèmes dont la solution négative ou affirmative entraîne de si grandes conséquences.

Il existe en France, depuis soixante ans, une philosophie à la fois religieuse et libérale, humaine et nationale, qui enseigne l'existence d'un Dieu personnel, l'immatérialité de l'âme, la liberté, le devoir et le droit. C'est à servir cette philosophie que visent les écrits contenus dans le présent volume.

Quoique composés séparément, ces fragments se tiennent entre eux. Ils vont naturellement de la liberté à l'âme, de l'âme à Dieu, de la psychologie à la théodicée. On y trouvera de la critique, mais aussi quelques recherches personnelles, et même de la théorie pure, notamment dans l'*Étude* qui a pour titre : *Des fondements psychologiques de la métaphysique religieuse.* Celui qui touche à de telles matières, fût-ce dans un cadre restreint, n'a pas le droit de se dérober aux fatigues de la pensée et de l'investigation.

Ce volume se termine par deux morceaux écrits depuis plusieurs années. Ceux qui savent avec quelle touchante éloquence, quelle délicatesse et quelle sincérité un maître vénéré, un vrai sage, M. Ph. Damiron, parlait de l'âme et de la Providence; ceux qui se souviennent du vigoureux talent déployé par M. Émile Saisset, dans son *Essai de philosophie religieuse*, jugeront sans doute que ces deux derniers fragments se rattachent étroitement aux *Études* qui les précèdent.

CH. LÉVÊQUE.

Bellevue-sous-Meudon, 12 mars 1865.

LA
SCIENCE DE L'INVISIBLE

ÉTUDES
DE PSYCHOLOGIE ET DE THÉODICÉE

PREMIÈRE PARTIE
ÉTUDES DE PSYCHOLOGIE

PREMIÈRE ÉTUDE
LA LIBERTÉ ET LE FATALISME (1)

Messieurs,

L'année dernière, j'ai étudié et discuté devant vous les diverses théories de la sensibilité contenues dans les systèmes antiques, et j'ai comparé ces théories aux doctrines correspondantes dans les systèmes modernes. Avec un empressement et une bienveillance sympathiques dont vous m'avez fait une douce habitude, depuis dix années que j'ai l'honneur d'enseigner à Paris,

(1) Leçon d'ouverture du Cours de philosophie au Collége de France, 1864-1865.

tant à la Sorbonne qu'au Collége de France, avec une attention patiente qui ne s'est jamais lassée, et qui atteste l'invincible attrait des questions philosophiques, quelle que soit la faiblesse de celui qui les traite, vous avez assisté à ces leçons qui, en vous parlant des émotions, des affections, des passions de l'homme, vous entretenaient de l'âme qui vit en vous. Je n'ai point à revenir sur ces recherches, où j'ai mêlé constamment la critique à l'exposition des systèmes et la théorie à l'histoire. Le nouveau sujet que j'aborde réclame tout notre temps. Laissez-moi du moins vous rappeler la dernière conclusion à laquelle nous avaient conduits ces investigations délicates, complexes, difficiles, mais profondément instructives et salutaires. Cette conclusion, présentée déjà et exprimée dans les plus belles pages de Platon et d'Aristote, c'est qu'au-dessus de ses autres affections, l'âme humaine a un sentiment du bien, une soif plus ou moins ardente de la perfection, un irrésistible amour de l'infini qui tend à la porter sans cesse au delà d'elle-même et au-dessus du monde et des êtres créés. Cet élan inné, ce maître ressort de nos énergies, est le principe des progrès de l'humanité. Quand l'humanité y obéit, elle s'élève et donne le spectacle imposant de ses grandeurs; quand elle y résiste, elle s'abaisse, elle décline et ne lègue guère à la postérité que le souvenir de ses plus tristes misères.

L'homme peut, à son gré, obéir ou résister à ses élans naturels. Bien plus, il peut en diminuer ou en accroître la puissance. L'homme est donc libre. C'est de la liberté de l'homme que je me propose de vous parler cette année. Et vous comprenez qu'ainsi je ne ferai que continuer nos études antérieures.

Mais si le cours de nos travaux ne m'eût entraîné vers

ce grand sujet de la liberté et du libre arbitre, les circonstances actuelles, l'état présent de la philosophie,
m'eussent, je l'avoue, déterminé à le choisir. Peut-être
n'en est-il aucun autre qu'il soit plus urgent de poser à
nouveau.

En effet, messieurs, n'êtes-vous point frappés comme
moi de la place considérable qu'occupe aujourd'hui
dans les discours comme dans les écrits ce mot de
liberté? N'êtes-vous pas frappés en même temps de la
promptitude avec laquelle semblent le comprendre ceux
devant lesquels on le prononce, alors même qu'ils n'ont
de leur vie essayé d'en pénétrer l'intime signification?
En ce moment, je me contente de nommer la volonté
libre, la liberté. Je ne la définis pas, et tous pourtant
vous m'entendez et savez plus ou moins ce que j'ai dans
la pensée. Qu'est-ce à dire, sinon que chacun a quelque
notion de ce que c'est qu'être libre? La philosophie
constate ce fait et s'en réjouit. Toutefois elle estime
que, sur un tel objet, les vagues notions sont insuffi-
santes : ce n'est point assez pour un être libre de n'avoir
que l'instinct de l'éminent caractère dont sa nature est
marquée; que dis-je? il perd ce caractère aussi longtemps qu'il l'ignore ou dès qu'il le méconnaît, car ce
qui distingue essentiellement la liberté, c'est que l'être
qui la possède en a la conscience. La première condition
pour posséder la liberté, c'est donc de se sentir libre; la
seconde, c'est de savoir à fond en quoi consiste la nature
de la liberté. La première ne laisse pas que d'être assez
universellement remplie; quant à la seconde, il importe
qu'elle le soit. A ce prix seulement, toutes les formes
de la liberté, qui ne sont en réalité que des aspects divers
ou des prolongements du libre arbitre, se dessinent, se
distinguent, se définissent. Sans cela, le principe étant

imparfaitement connu, les conséquences en demeurent
obscures ou ne sont pas déduites, ou le sont mal et ne
persistent pas. Je me suis quelquefois demandé pourquoi
les Athéniens, qui aimaient avec passion la liberté, n'en
avaient joui que pendant de si courtes années. Les causes
de ce phénomène furent nombreuses, assurément. Mais
ceux dont la conscience n'élevait encore aucune objection contre l'institution de l'esclavage, ceux qui faisaient
mourir Socrate, parce qu'il pensait autrement qu'eux,
avaient-ils donc du libre arbitre de l'homme une idée
claire et complète? De nos jours, au contraire, n'est-ce
pas la puissance et le progrès de cette idée, autant et
plus que la force des armes, qui prépare en Amérique
l'affranchissement de toute une part de l'espèce humaine?

Pourtant, messieurs, tandis que cette idée du pouvoir
autonome de l'âme humaine ne saurait jamais être assez
lumineuse, tandis que la conscience n'en saurait jamais
être trop vive, il se produit en ce moment des systèmes
dont l'effet inévitable est d'en obscurcir la notion. Supposez que l'homme ne soit pas une cause, mais seulement un organisme; supposez que celle de nos actions
qui nous paraît libre au plus haut degré ne soit que le
résultat d'une impulsion organique; que cette impulsion
soit provoquée par une impulsion précédente, celle-ci
encore par une autre, et ainsi de suite à l'infini : dans
une pareille hypothèse, le libre arbitre ne devient-il pas
une pure illusion? Allez jusqu'au bout de cette pensée :
supposez que non-seulement notre sang, notre bile, nos
nerfs, mais encore les influences extérieures qui agissent
sur notre constitution physiologique, soient exclusivement les ouvriers de nos facultés, de notre caractère, et,
pour faire court, de notre âme elle-même, réduite à

n'être qu'une résultante de forces physiques et chimiques, où retrouverons-nous notre libre arbitre, où prendrons-nous notre liberté? (r)

Et néanmoins, par une bizarre inconséquence qui ne sera pas pour nos descendants un médiocre sujet de surprise, des esprits jeunes, ardents, généreux, qui auraient honte, je ne dis pas de nier le libre arbitre, mais de le mettre en doute une minute seulement, accueillent avec sympathie, saluent avec applaudissement des théories dont les auteurs, j'en suis convaincu, sont eux-mêmes généreux et libéraux, mais qui ne vont rien moins qu'à supprimer dans l'homme la puissance autonome, c'est-à-dire la volonté libre, et à trancher ainsi la racine de toutes les libertés civiles, politiques, religieuses. Cette conséquence désastreuse ne sera peut-être pas tirée des principes qui la contiennent par les intelligences élevées. Mais qui nous assure que tout le monde les imitera? La logique a ses pentes irrésistibles; les esprits exercés s'y retiennent, les autres roulent jusqu'en bas. Or, rouler sur celle-ci, ce serait aboutir tôt ou tard au rétablissement dans le monde du dogme sinistre de la fatalité.

En présence d'idées généreuses, mais plus ou moins obscures encore et qui demandent à être éclairées, en présence aussi de tendances fatalistes qu'excite et fortifie une science expérimentale enivrée de ses progrès, le devoir de la philosophie est clair comme le jour : il consiste à maintenir intacte la notion de la liberté, à écarter les nuages dont on l'enveloppe, à en raviver énergiquement dans les âmes le sentiment inné.

Voilà pourquoi j'ai résolu d'étudier cette année le développement progressif de l'idée du libre arbitre dans les systèmes antiques. Le titre de cette chaire m'impose

« Ainsi avec le matérialisme, point de liberté, partant point de moralité.

l'obligation de me placer au point de vue historique. Il
ne me défend pas; que dis-je? bien compris, il me prescrit de chercher la théorie dans les systèmes, de la juger
sans cesse, d'en recueillir les éléments vrais et de compléter, chemin faisant, cette conscience du passé par la
conscience plus réfléchie et plus distincte dont la lumière éclaire et dont les procédés guident la philosophie
actuelle. Ainsi, et en réalité, notre travail de cette année
aura pour objet de réviser historiquement et théorique-
ment la doctrine de la liberté, telle que l'enseigne aujourd'hui l'école spiritualiste. Mais avant de la soumettre
à cette épreuve, il est nécessaire de l'esquisser ici en
quelques traits rapides, de faire connaître la méthode
qui l'établit, les objections qu'elle soulève, et comment
il est possible de résoudre scientifiquement ces objections.

L'homme est-il une cause libre, c'est-à-dire une force
se déterminant elle-même à produire certains actes,
certains effets dont elle est le premier principe? C'est là,
messieurs, une question de fait. Or, cette question, chacun d'entre vous la résout à chaque instant par l'observation directe de lui-même au moyen de la conscience.
Vous sentez-vous force au même titre et au même degré,
ni plus ni moins, que le vent qui souffle, que l'eau qui
coule, que la plante qui pousse, que l'animal qui poursuit et dévore sa proie? Non. Il y a dans votre nature
quelque chose de toutes ces forces; mais il y a aussi
quelque chose de plus dont vous proclamez l'existence,
quand vous dites : je veux, je ne veux pas, et dont vous
attestez la puissance quand vous agissez ou n'agissez pas
conformément à votre volonté. Cette puissance volontaire, cette cause libre qui est en vous, bien plus, qui
est vous-mêmes, s'exerce à l'égard de toutes les autres

forces qui sont en vous, au moins dans une certaine mesure. Vous êtes une cause libre à l'égard de votre corps, en ce sens qu'il dépend de vous de mouvoir vos membres. La théorie de la sensation transformée, léguée à notre siècle par Condillac, entraînait la négation de la (1) volonté libre. M. Laromiguière, en rétablissant le phénomène de l'attention en psychologie, avait commencé la réintégration de la volonté. Mais la volonté est d'une évidence encore plus frappante dans le fait du mouvement de nos membres librement produit. Ce fait, mis en lumière par M. Maine de Biran, est la preuve éclatante de notre propre causalité, et nous met en possession d'une première donnée métaphysique absolument incontestable. Toutefois ce fait n'est pas la seule manifestation de la cause en nous : il dépend encore de nous de diriger nos mouvements intellectuels, de regarder attentivement les objets, de réveiller nos souvenirs assoupis, de gouverner nos raisonnements, de méditer sur nos idées les plus hautes. Il dépend enfin de nous d'obéir ou de résister aux impulsions aveugles de l'instinct et aux excitations les plus puissantes de la sensibilité. Ainsi, l'homme est une cause, une cause tantôt productrice, tantôt seulement directrice, mais certainement une cause libre.

Voilà ce que dit la conscience, et, aussi longtemps qu'on se maintient dans cette région pure et lumineuse, aucun nuage ne se forme, aucun doute ne se produit. Où donc commencent les difficultés? Elles commencent, messieurs, dès que l'on considère attentivement les influences qui agissent de toutes parts sur notre volonté; elles se multiplient, s'accumulent et semblent voiler le fait lui-même de la liberté dès qu'on oublie le témoignage du sens intime et que l'on s'obstine à ne plus tenir

(1) parce que, ne laissant subsister dans la table rase de l'âme que ce qui vient du dehors, elle y

compte que des influences, surtout des influences extérieures et physiques. On dit alors aux psychologues : Vous vous trompez de bonne foi ; mais enfin vous vous faites illusion quand vous croyez être une cause ; ce sont les influences physiologiques et physiques qui vous dominent et qui vous mènent.

Ces influences, la psychologie spiritualiste n'a jamais prétendu les nier. Toujours elle les a reconnues ; mais elle s'est appliquée à les mesurer, à en calculer l'effet et l'énergie. Après des travaux profonds, des observations nombreuses, de fines analyses, elle croyait avoir démontré que les motifs et les mobiles inclinent la liberté de l'homme, mais ne la contraignent jamais, du moins à l'état normal, et tant que la liberté ne s'est pas abandonnée elle-même ou enlacée elle-même dans des liens que ne rompent pas toujours les plus héroïques efforts.

Puisque ce magnifique résultat des efforts de nos maîtres est remis en question ; puisqu'une certaine méthode physiologique s'attaque plus ou moins ouvertement au libre arbitre, cette racine de toutes les libertés, posons à nouveau le problème, et suivons nos adversaires partout où ils entraînent le débat ; allons avec eux sur le terrain de la physiologie, de l'histoire, de l'ethnographie, de la climatologie, de la médecine, du régime. Mais portons aussi partout avec nous cet incorruptible témoin de la liberté, la conscience, lequel doit non-seulement être toujours consulté, mais toujours entendu le premier, puisqu'il est, qu'on nous passe le mot, le seul témoin oculaire du phénomène.

L'homme a le pouvoir de résister aux influences des motifs et des mobiles qui le sollicitent à agir. Bien plus, parmi ces forces intérieures ou extérieures, il en est

qu'il peut gouverner comme un habile cavalier gouverne
l'animal qui le porte; bien plus encore, il en est qu'il
peut modifier, transformer même au point de les rendre
bienfaisantes, de malfaisantes qu'elles étaient. Cependant, si nous disions que l'empire qu'il lui est donné
d'exercer sur lui-même, sur ses semblables, sur son
corps et sur la nature, il le possède dès qu'il voit le jour;
si nous disions qu'il n'a point à le créer en partie lui-même, qu'il en jouit sans le conquérir, qu'il le conserve
sans le défendre, qu'il l'a toujours au même degré, que
jamais enfin il n'en perd rien, quelles que soient ses imprudences et ses fautes, nous ouvririons aux objections
des adversaires du libre arbitre une porte que les plus
habiles raisonnements ne réussiraient plus à fermer.
Avouons-le : nous sommes au début de la vie une chose
beaucoup plus qu'une personne; plus tard, si nous voulons, nous devenons une personne beaucoup plus qu'une
chose; mais ce progrès est notre propre ouvrage, et c'est
à la liberté elle-même de développer les germes de la
liberté.

Chez l'enfant, le pouvoir personnel n'est guère qu'une
force virtuelle que chaque journée et chaque souffrance
font graduellement passer à l'acte. Chez le jeune homme,
ce pouvoir est une énergie militante, souvent victorieuse, souvent vaincue, mais qui grandit dans la lutte,
quand elle a le courage de ne pas rendre les armes dès
les premiers combats. Chez l'homme mûr qui, par de
nobles efforts, a su préserver et accroître le trésor des
puissances de la jeunesse, et creuser à sa volonté le lit
profond des viriles habitudes, le règne du pouvoir personnel est fondé : la nature obéit, la liberté commande.
Tout n'est pas fini, il est vrai : parfois le corps enchaîné
et les passions réduites se révoltent encore; des sédi-

1.

tions éclatent de temps en temps; l'homme n'a pas cessé d'être homme, mais il est maître de lui-même, et, s'il ne l'est pas devenu, une voix secrète le lui reproche, en lui criant qu'il ne tenait qu'à lui.

La science de l'âme doit donc reconnaître que la liberté, une quant à son principe et à son essence, est soumise à la loi du progrès et peut présenter des développements divers. Elle doit avouer qu'il est des moments et des âges où les influences qui l'environnent et la pressent ont sur elle des prises plus nombreuses et plus fortes. La religion le proclame, puisque avant l'âge (¹) de sept ans elle n'admet ni coupables ni pénitents. La loi le proclame aussi, puisque, dans la société politique comme dans la société civile, elle distingue des majeurs et des mineurs. Mais les mineurs sont déjà des êtres libres; la philosophie le sait; elle croit, en conséquence, que la liberté doit être étudiée, autant que possible, à tous ses degrés. Elle ne se forge pas à plaisir un type de l'humanité à la fois invariable et introuvable. Le psychologue qui s'observe lui-même à l'âge de cinquante ans ne prétend pas décrire l'homme tel qu'il est au sortir du sein de sa mère. Mais il est un principe qui domine toute science et que la philosophie a eu la gloire de poser dans son évidente vérité : c'est que l'esprit est tenu, en toute recherche, de procéder du plus connu au moins connu, de ce qui est très-clair à ce qui l'est moins. Qu'il soit curieux, intéressant, important même de savoir jusqu'à quel point est libre un enfant de six mois, on l'accorde; qu'il soit utile à la science de rechercher dans les racines sanscrites quelle idée les Aryas se formaient de la liberté et s'ils en avaient l'idée, nous ne le contestons pas. Mais enfin quel est l'observateur qui, ayant sous la main le phénomène qu'il se propose d'étudier,

(1) sept ans environ : cela dépend du degré du développement de l'intelligence et de l'...

et maître de le produire en pleine et directe lumière et
à son maximum de puissance, ira commencer par le
considérer à son minimum d'intensité, sous un jour
douteux, et dans des livres ou des monuments sur le
sens desquels l'opinion des savants n'est pas encore una-
nime? Dans les questions de fait, rien ne vaut l'expérience immédiate, rien ne vaut l'expérimentation quand
celle-ci est possible. Suis-je libre, et, si je le suis, en
quoi consiste ma liberté? Évidemment personne ne sait
cela et ne peut me le dire mieux que ma conscience, et,
quant à vous, messieurs, personne ne vous le dira mieux
que la vôtre, pourvu que je sache la faire parler. De
plus, nous sommes en mesure de savoir cela à l'instant
même, directement, sans intermédiaire. Au contraire,
nous ne pouvons apprendre qu'indirectement, et par
conséquent moins sûrement, quoique sûrement encore,
si l'enfant est libre, si les Athéniens l'étaient et se
croyaient tels, si les Aryas l'étaient, si les aliénés le
sont. La psychologie directe doit donc être scientifiquement la première; la psychologie indirecte ne doit venir
qu'ensuite, soit pour compléter et contrôler la première, soit pour y suppléer en ce qui touche les âges, les
états, les époques historiques que la conscience personnelle n'atteint pas et où elle ne peut que se reconnaître
plus ou moins.

Ces réflexions étaient nécessaires, messieurs. Il faut,
en effet, qu'il soit bien entendu que la psychologie spiritualiste ne dédaigne aucune source d'information, et
qu'elle aspire à décrire l'homme de tous les temps et de
tous les âges, dans ce qu'il présente de fixe et de perma-
nent, et aussi d'uniformément variable, puisque la varia-
bilité périodique est une sorte de permanence. Il importe aussi de maintenir que, sur des faits actuels et

invisibles par nature, la conscience a une compétence et
une autorité infiniment supérieure à celles de l'érudition
et de l'archéologie, qui ne connaissent que le passé
(quand elles le connaissent), et à celle de la physiologie,
à laquelle la perception de l'invisible est interdite. Pour
l'histoire de la philosophie, c'est au second rang qu'il
faut la placer, immédiatement après l'observation
actuelle, car elle est, elle aussi, la voix de la conscience parlant à distance dans les œuvres des grands
penseurs.

Faisons dès à présent de la psychologie directe; inter-
rogeons notre conscience, et demandons-lui ce qu'elle
sait de notre liberté. A son témoignage, nous n'en ajou-
terons d'autres qu'autant qu'il sera nécessaire pour
rendre assez nette cette première esquisse.

Un premier coup d'œil jeté sur notre nature spirituelle y distingue plusieurs formes de la volonté libre.
La liberté nous apparaît d'abord comme tantôt virtuelle
et tantôt actuelle. En effet, notre pouvoir personnel n'a-
git pas toujours : il est des moments où, fatigués de diriger nos facultés ou de les mettre en mouvement, nous
les laissons aller au hasard. C'est comme une abdication
momentanée de notre liberté, pendant laquelle nous
savons que, quand il nous plaira, nous ressaisirons les
rênes flottantes de notre existence. C'est ce que j'appelle
la liberté virtuelle. Si, au contraire, je prends à l'instant
un parti et si j'agis en conséquence de ma décision, ma
liberté est agissante ou actuelle; elle passe à l'acte au
lieu de demeurer à l'état de pure puissance. Remarquons, en outre, que la liberté virtuelle peut être inconsciente ou consciente : consciente dans l'âme qui sait
qu'elle la possède; inconsciente, par exemple, dans
l'âme de l'enfant, qui ignore encore s'il possède la

liberté, mais qui en porte au fond de lui-même le germe fécond.

La liberté est encore : ou bien simplement prévoyante et se préparant elle-même, soit à telle action, soit à une *(1)* série d'actions futures; ou bien acquise, c'est-à-dire ayant établi son empire et prête à l'exercer lorsque les circonstances réclameront le déploiement de son énergie. L'homme qui, chaque jour, presque à chaque heure, s'étudie lui-même, s'apprend à se voir venir, s'exerce à ployer dans le sens du bien ses penchants, ses aptitudes, ses passions mêmes, attend au passage ses élans les plus spontanés, et aussitôt les contient ou les maîtrise au point de les transformer en forces bienfaisantes, celui-là institue en lui-même la liberté prévoyante. Et lorsque, par cette noble et persévérante éducation de son âme, il a assuré la rectitude de son jugement, assoupli ses énergies diverses, affermi son vouloir, si des conjonctures difficiles se produisent, loin d'être pris au dépourvu, il dispose d'une liberté acquise, éclairée, avertie et puissante en même temps, qui se décide sans délibérer, agit sans hésiter, et qui souvent, sinon toujours, triomphe sans combat, parce que depuis longues années un combat incessant avait à peu près consommé la victoire. La liberté prévoyante, c'est le travail personnel qui forme et fonde le caractère; la liberté acquise, c'est le caractère formé, fondé, édifié.

Il nous semble, messieurs, que ce sont bien là des états ou plutôt des degrés différents de la liberté. Il nous paraît non moins évident qu'à chacun de ces degrés du développement de nos forces libres correspond un degré inverse d'influence des forces fatales qui sont en nous, ou qui du dehors agissent sur nous, telles que l'instinct, la passion, le tempérament, le régime, le climat, l'état général de notre pays ou de l'humanité. Chez l'enfant, l'empire de la liberté est presque nul, et au contraire celui de la fatalité est énorme; chez l'homme, qui, à la sueur de son visage, a fondé en lui-même un beau et ferme caractère, l'empire de la liberté est grand, tandis que la tyrannie de la fatalité est réduite à la plus extrême faiblesse. Parmi les hommes qui vivent à l'état sauvage, le plus parfait est toujours infiniment plus soumis aux influences fatales que le premier venu entre les hommes civilisés. Ainsi, lorsque le libre arbitre est attaqué, ceux qui le défendent doivent demander à leurs adversaires quelle est la liberté dont ils parlent et à quel degré ils la prennent, afin de varier les arguments selon la différence des cas. Que si les penseurs qui font dériver exclusivement la liberté humaine du climat, du régime, de la race, et qui la nient par là même, confondent les âges et les temps, on doit les contraindre à distinguer les temps et les âges, on doit les amener à reconnaître que, dans l'homme, les forces fatales et les puissances libres sont en raison inverse les unes des autres, de telle sorte que, quand les unes grandissent, les autres diminuent, et réciproquement.

Cette loi est d'une importance capitale; et même j'ose dire qu'elle est la clef de la question de la liberté. En effet, messieurs, s'il était vrai, comme on le prétend aujourd'hui, que la puissance personnelle de l'homme, c'est-à-dire son caractère, fût le résultat des influences fatales de sa nature, l'enfant et le sauvage, en qui prédominent les influences purement naturelles, seraient plus hommes et plus parfaits, en tant qu'hommes, que l'homme mûr et civilisé. Accordez-vous cela? Mais si l'homme est d'autant plus une personne disposant librement d'elle-même que les influences fatales et naturelles sont en lui plus soumises et plus réduites, n'est-il pas évident qu'en nous la liberté s'oppose à la nature fatale comme une force s'oppose à une autre force ? Or, qui donc jamais concédera que de deux forces qui croissent et décroissent en sens inverse, et qui se combattent, se balancent et tour à tour se dominent, celle qui en dernière analyse triomphe de son antagoniste, soit précédemment l'effet et la résultante de celle-là ? Qui jamais accordera que le cavalier, qui assurément dépend un peu de son cheval, et que l'ouvrier, qui dépend, j'en conviens, un peu de son outil, soient le résultat et l'effet, le premier de son cheval, le second de son outil ?

Prouvons donc, dès à présent, par une revue rapide des principaux faits de conscience relatifs à la liberté, que la loi qui vient d'être posée est vraie, et que la puissance libre d'une part, et d'autre part l'influence des mobiles et des motifs, s'opposent en nous à titre de forces profondément distinctes.

Et d'abord l'homme est libre au regard de lui-même, et en lui-même au regard de son intelligence. Mené dans ses premières années par des sensations, bientôt il se retourne contre ses sensations, et à son tour il les mène. Il conduit ses facultés, il les applique, il les discipline, non certes sans travail, mais non pas toujours sans succès. Ses premiers progrès viennent de l'exercice de cette liberté naissante ; il n'en ferait aucun, privé de cette liberté. Il choisit les **objets** de ses pensées. Et aussi, quoi que lui aient conseillé ou enjoint ses pensées, il choisit le **but** de ses actions. Il connaît le bien, et, malgré cette connaissance, résolûment il fait le mal. Platon a dit quelque part que celui-là qui a une fois connu le bien ne peut plus mal faire. Platon s'est trompé. Le bien une fois connu,

il reste à l'accomplir : ce dernier effort, la liberté se le
réserve ; et, soit qu'elle le fasse, soit qu'elle consomme
l'action mauvaise, elle sait que c'est elle qui a opéré, et
que l'intelligence n'a pu que lui prêter son flambeau.
Non, l'intelligence n'est pas l'ouvrière unique de la vertu
ou du vice, puisqu'il y a des génies pervers et des saints
ignorants. Si l'intelligence nous conduisait fatalement,
l'éducation serait inutile, l'instruction suffirait, et celle-
ci ne suffit pas. Même dans l'ordre du vrai, la raison n'est
pas maîtresse absolue. Voyez ce qui se passe aujourd'hui :
les vieilles opinions discutées, les nouveaux systèmes
attaqués, les croyances remises au creuset, et souvent,
hélas ! s'évanouissant en fumée. Où est la cause de tout
cela ? Où est la force qui résiste aux idées, qui les secoue,
les ébranle, les ruine, ou les reprend, les épure et les
rétablit ? C'est la raison, direz-vous, qui juge et doute,
qui critique et qui croit. Sans doute, la raison fait cela ;
mais elle n'est pas seule à le faire ; une autre énergie est là
qui pèse sur la raison et lui donne parfois l'âpre et dangereux plaisir de se nier elle-même. Cette autre force,
c'est la liberté unie à la pensée, et, pour ce motif, nom-
mée la liberté de penser. On en connaît les périls ; mais
comment en contester l'existence et les heureux fruits
quand elle est sagement dirigée ? Et ce pouvoir admirable et terrible à la fois, s'il déchaîne les tempêtes de
l'esprit, prouve du moins, avec une éclatante évidence,
que la liberté de l'homme ne reçoit de chaînes d'aucune
intelligence, pas même de la sienne.

Libre à l'égard de son intelligence, l'âme humaine
l'est aussi à l'égard de sa sensibilité, mais d'une autre
façon et moins directement. Il dépend de moi d'accomplir, par un effort plus ou moins grand, les divers actes
dont mon esprit est né capable ; mais je ne puis à volonté

jouir ou souffrir, aimer ou haïr. A l'improviste, sans ma permission, malgré moi, la sensation, le sentiment, se glissent dans mon âme, la charment, l'affligent, l'agitent, la troublent. Ils ne paraissent ni ne disparaissent à mon simple commandement. Il y a donc dans ma vie sensible plus de fatalité que dans ma vie intellectuelle. Toutefois, cette fatalité, il est en mon pouvoir de la restreindre ou de l'accroître. L'éducation prouve l'existence de ce pouvoir, puisqu'elle le dirige, ou plutôt puisqu'elle apprend à l'homme encore jeune à le diriger. Pris à sa naissance, un sentiment n'a jamais toute sa force. Cette force augmente rapidement par la pensée continuelle, par la poursuite ardente, par la présence surtout de l'objet qui nous a émus. Or, penser à l'objet aimé ou haï, le poursuivre, rester en sa présence, c'est agir ; agir fréquemment dans le même sens crée l'habitude et en forge les chaînes pesantes. Mais c'est la liberté qui agit : c'est donc elle qui change le sentiment en passion ; c'est donc aussi la liberté qui nourrit et fortifie la fatalité primitive du sentiment, et de cette fatalité naturelle tire une fatalité artificielle tellement impérieuse, qu'on a pu la nommer une seconde nature. Oui, messieurs, nous sommes les libres artisans de nos habitudes. Ajoutons aussitôt que les habitudes excellentes sont une heureuse fatalité qu'il faut à tout prix instituer en nous, parce que c'est la fatalité du bien, fatalité qui nous laisse cependant libres encore, car ce que nous avons édifié, nous pouvons toujours le détruire. Il suffit pour cela d'opposer à une habitude l'habitude contraire, et cela en bien comme en mal. L'intervention de la liberté dans la formation, la destruction, la modification des habitudes, tel est le grand fait, le fait considérable que les adversaires du libre arbitre oublient sans cesse et que sans cesse ils dé-

figurent. Nous aurons soin de le leur présenter avec
persévérance et de mettre dans son vrai jour cette puissance lente, mais sûre, qui transforme tout en nous,
tout, ai-je dit, même les effets du tempérament, sinon
le tempérament lui-même.

Oui, messieurs, l'habitude voulue, l'habitude librement prise et gouvernée, étend son empire bienfaisant
ou funeste jusque sur notre constitution physique elle-
même. De nos jours, on croit tenir le secret des génies
et des caractères quand on a pu dire que les hommes
célèbres étaient bilieux ou sanguins, nerveux ou lympha-
tiques. Cela revient à expliquer tout l'homme par son
corps, et à faire de l'âme la résultante des forces matérielles de la constitution physique. A cela, Socrate répondait par la victoire complète qu'il avait remportée
sur son tempérament naturellement enclin aux passions
brutales. A cela, Platon, son disciple, répondait, dans le
Phédon, par la bouche même de Socrate, que si l'âme
n'était que la résultante du corps, l'âme serait toujours
au même ton que le corps et ferait toujours invariablement ce qui résulte d'un état donné du corps. Ainsi,
quand le corps a faim, l'âme accorderait toujours et tout
de suite à manger ou à boire à son corps affamé ou altéré, tandis qu'à son gré elle lui inflige la diète. A cela,
les saints ont mille fois répondu par le jeûne, les macé-
rations et les cilices. N'importe, messieurs, nous tien-
drons l'objection pour nouvelle et nous la discuterons
dans tous ses détails.

Aussi bien, ce n'est là qu'une face de cette autre objection, très en vogue de notre temps, qui va exagérant
au delà de toute limite l'influence de la race, et principalement l'influence du climat, ce premier agent, dit-
on, de la formation des races

Je n'ai pas, vous le pensez bien, l'intention d'examiner ici en quelques minutes une théorie qui demande à
être serrée de près et discutée à fond. Mais puisqu'on
pousse à outrance la théorie, jusqu'à un certain point
admissible, de l'influence des climats, et puisqu'on
semble couvrir les excès où l'on s'égare de l'autorité de
Montesquieu, il convient dès à présent de ramener à ses
véritables termes l'opinion si souvent alléguée de ce
profond observateur.

Dans son traité de l'*Esprit des lois*, et principalement
au livre XIV, chapitre II, Montesquieu attribue en effet
au climat une influence considérable sur la sensibilité et
sur le caractère de l'homme. Je ne crois pas que l'on
puisse exprimer cette idée avec plus de force qu'il ne
l'a fait dans les passages suivants :

« Dans les pays froids, on aura peu de sensibilité pour
les plaisirs; elle sera plus grande dans les pays tempérés; dans les pays chauds, elle sera extrême. Comme on
distingue les climats par les degrés de latitude, on pourrait les distinguer, pour ainsi dire, par les degrés de
sensibilité. J'ai vu les opéras d'Angleterre et d'Italie; ce
sont les mêmes pièces et les mêmes acteurs; mais la
même musique produit des effets si différents sur les
deux nations : l'une est si calme et l'autre si transportée,
que cela paraît inconcevable.

» Il en sera de même de la douleur : elle est excitée en
nous par le déchirement de quelque fibre de notre corps.
L'auteur de la nature a établi que cette douleur serait
plus forte à mesure que le déchirement serait plus
grand. Or, il est évident que les grands corps et les
fibres grossières des peuples du Nord sont moins capables de dérangement que les fibres délicates des peuples
des pays chauds : l'âme y est donc moins sensible à la

douleur. Il faut écorcher un Moscovite pour lui donner du sentiment. »

Et un peu plus loin : « Vous trouverez dans les climats du Nord des peuples qui ont peu de vices, assez de vertus, beaucoup de sincérité et de franchise. Approchez des pays du Midi, vous croirez vous éloigner de la morale même; des passions plus vives multiplieront les crimes; chacun cherchera à prendre sur les autres tous les avantages qui peuvent favoriser ces mêmes passions. Dans les pays tempérés, vous verrez des peuples inconstants dans leurs manières, dans leurs vices mêmes et dans leurs vertus; le climat n'y a pas une qualité assez déterminée pour les fixer eux-mêmes. »

Certes, voilà de quoi faire pâmer d'aise ceux qui se représentent l'homme, soit comme une cornue pleine de substances chimiques et plus ou moins chauffée par les feux du soleil; soit comme une plante qui végète vivement ou faiblement; soit comme un bel animal qui grelotte ou transpire, qui engraisse ou maigrit, qui fait plus ou moins de bile, et qui avec sa bile sécrète ses vices et ses vertus. Mais voici maintenant en quels termes Montesquieu limite et explique sa théorie :

Livre XIX, chapitre IV : « Plusieurs choses gouvernent les hommes : le climat, la religion, les lois, les maximes du gouvernement, les exemples des choses passées, les mœurs, les manières, d'où il se forme un esprit général qui en résulte.

» A mesure que dans chaque nation une de ces causes agit avec plus de force, les autres lui cèdent d'autant. La nature et le climat dominent presque seuls sur les sauvages; les maximes gouvernent les Chinois, etc., etc. »

Vous entendez, messieurs, ces deux passages. Le sens en est d'une clarté parfaite. Reprenons une à une les idées qui y sont contenues : 1° Le climat et la nature ne sont pas les seules forces qui gouvernent les hommes. 2° Il y a d'autres forces que celles-là, la religion, les lois, les maximes (c'est-à-dire des choses que ne comprennent apparemment ni les cornues, ni les plantes, ni les animaux). 3° Quand les forces morales et religieuses s'accroissent, les forces naturelles leur cèdent d'autant. 4° Enfin, si le climat et la nature agissent quelque part, non pas seuls, mais *presque* seuls, c'est uniquement chez les sauvages. Telle est au fond la véritable théorie de Montesquieu sur l'influence des climats. Ce sera aussi la nôtre. Mais tant s'en faut que cette doctrine substitue le climat, le tempérament, bref, les forces physiques et fatales à la liberté, qu'au contraire elle nous montre la nature et la bête obéissant peu à peu à la liberté, comme l'état sauvage obéit graduellement à la civilisation.

C'est par la méthode expérimentale, c'est par des faits soigneusement observés, lentement accumulés, qu'on réfutera avec succès ce fatalisme actuel qui a cent yeux pour apercevoir les effets du climat, et qui est aveugle en présence des prodiges qu'accomplit journellement la liberté de l'homme. Encore un coup, que les sauvages, les barbares, que les montagnards même, cantonnés sur leurs plateaux élevés ou dans leurs hautes et étroites vallées, subissent fortement l'influence du climat et en portent sur leurs traits, dans leurs mœurs, dans leurs facultés, l'empreinte ineffaçable, il n'y a pas à le nier. Il en sera de même des personnes qui demeurent attachées à leur sol natal comme le lierre au tronc d'arbre près duquel il a poussé. Disons plus : le climat aura toujours de larges prises sur quiconque ignorera qu'il possède à un haut degré la volonté et la puissance de s'y soustraire. Mais outre que le seul instinct de la

conservation met l'homme le plus grossier en lutte avec
la nature, le force à en rendre plus lâches chaque jour
les étreintes, tantôt malsaines, tantôt mortelles, et lui
donne ainsi graduellement la conscience de son libre
pouvoir et la résolution d'en user ; comment, en un siècle
tel que le nôtre, ne pas apercevoir quels signalés avantages
l'homme remporte sur la nature, lorsque, averti par ses
semblables et surtout par la science, il se retourne, regarde en face la fatalité physique, et lui dit énergiquement : « Autant qu'il est en moi, je te vaincrai ! » Dès
que l'âme a prononcé ce mot, elle n'est plus asservie
au monde et à la matière : elle s'en sert. De ce jour,
la nature entière n'est plus pour elle un maître ; ce
n'est qu'un instrument qu'elle manie désormais au gré
de ses intérêts, de ses ambitions ou de ses vertus.

Je n'hésite pas à l'affirmer : au spectacle de nos
triomphes sur le climat, le tempérament, la maladie
même, Montesquieu, s'il vivait aujourd'hui, restrein-
drait en plus d'un point, bien loin de l'exagérer, la
portée de sa théorie. Il verrait que nos soldats sont
aussi vaillants dans les sables du Sahara que sous les
neiges de la Russie, parce qu'ils veulent être vaillants
où qu'ils se battent. Montesquieu verrait que les Anglais
de 1860 ont voulu devenir aussi habiles que nous dans
les arts appliqués à l'industrie, et qu'ils y ont réussi au
point d'ébranler l'idée par nous trop caressée de notre
invincible supériorité. Et nous-mêmes, messieurs, que
ne nous apprend pas chaque journée du pouvoir qu'a
sur le corps la libre volonté de l'âme ? Une âme énergique
se fait en tout lieu le climat dont elle a besoin, soit à
force de courage, soit à force d'industrie. Tel homme,
que je pourrais nommer, a travaillé en Turquie par
45 degrés de chaleur, comme il travaille à Paris, dans
son cabinet, au mois de décembre, par 10 degrés de

froid. Tel autre, ou le même peut-être, n'avait reçu en naissant qu'une constitution frêle, délicate, aussitôt épuisée par le moindre labeur; il s'est donné dix ans pour changer cette constitution, et il l'a transformée. Tel autre, atteint au cœur d'une de ces maladies que le moindre excès rend foudroyantes et mortelles, mais prévenu et guidé par la science, a mené jusqu'à un âge avancé son corps toujours suspendu entre la mort et la vie, et a su fournir une noble carrière utile à la philosophie et à son pays, laissant après lui les écrits et la réputation vénérée d'un sage.

Une multitude de faits pareils se présentent à ma pensée. Bornons-nous aujourd'hui à ceux que j'ai cités. Aussi bien, je vous l'ai dit, ce n'est encore ici qu'une esquisse; mais vous y verrez, je l'espère, non que la puissance de l'homme est sans bornes, mais que, dans des limites qui semblent reculer de jour en jour, l'homme est libre à l'égard de la nature, du climat et du tempérament, et que sa liberté est distincte de toutes les forces qui l'environnent, comme son âme elle-même est distincte de son corps.

Avant de vous quitter, messieurs, et pour compléter ces vues préliminaires sur la libre volonté de l'homme et sur les méthodes qui établissent l'existence de cette volonté à titre de vérité scientifique, il me reste à toucher un dernier point. Au-dessus des innombrables influences grandes ou petites, faibles ou fortes, directes ou indirectes, visibles ou invisibles, intelligentes ou aveugles, avec lesquelles notre destinée est de lutter, il en est une par qui toutes les autres existent, et qui, de même qu'elle les a toutes créées, les pourrait toutes anéantir. C'est, permettez-moi cette expression appelée par mon sujet, c'est l'influence divine. Reconnaître cette influence est l'acte suprème de la raison, comme la proclamer est l'acte suprème du langage. Reconnaissons-la, messieurs, et proclamons-la, puisque parmi les influences sur nous exercées par les êtres finis, il n'en est aucune qui ne nous sollicite à la concevoir. Reconnaissons-la encore à cette action plus secrète, mais certaine autant que profonde, qui la fait sentir à notre raison, à notre cœur, à notre liberté elle-même : à notre raison, par l'idée d'une cause infinie ; à notre cœur, par l'attrait puissant de la bonté et de la beauté parfaites; à notre liberté, par ces penchants heureux qui nous inclinent au devoir et nous aident à l'accomplir, comme aussi par l'impression d'un modèle idéal de perfection et de sainteté. Nier cette triple action de Dieu sur l'âme, c'est une erreur; l'erreur opposée consisterait à déclarer cette triple action irrésistible et fatale. On est dans le vrai, selon nous, quand on croit à la fois, et que Dieu agit sur l'homme, et que l'homme est libre de céder à cette action ou d'y résister. Mais, messieurs, céder à l'influence divine ou y résister nous est-il possible dans l'hypothèse où la substance de Dieu est identique avec celle de l'homme? En d'autres termes, le panthéisme, qui professe l'unité des substances, ne fait-il pas de la volonté humaine un pur élément du développement divin, et ne tombe-t-il pas, qu'il le sache ou non, dans le plus absolu fatalisme? La conciliation entre son principe fondamental et la liberté, il y a deux mille ans que le panthéisme la cherche. L'a-t-il trouvée? Non. Toujours il a été contraint, ou d'affirmer la liberté et de se nier lui-même, ou de s'affirmer lui-même et de nier la liberté. A éviter l'une ou l'autre de ces extrémités, Plotin et Proclus ont vainement épuisé leur génie. Spinoza, Schelling et Hégel n'y ont pas mieux réussi. Que d'autres tentent d'accomplir ce

que n'ont pu exécuter de si vigoureuses intelligences,
qu'ils essayent, avec des bras moins puissants, de soule-
ver encore une fois ce rocher de Sisyphe, au risque certain d'en être écrasés. Pour nous, les leçons du passé
ont quelque chose à nous apprendre. Entre la liberté et
le panthéisme, nous choisissons la liberté. Et ainsi nous
tenons que, dans la mesure de l'humanité, l'homme est
libre, même à l'égard de l'influence divine. (1)

Voilà, messieurs, la question de la liberté telle qu'elle
se pose aujourd'hui. Vous savez maintenant quelle est
la méthode qu'elle réclame, quelles sont les objections
qu'elle soulève et les réponses que la philosophie spiritualiste oppose à ces objections. Comment les anciens,
c'est-à-dire comment Platon, Aristote, les stoïciens, les
néoplatoniciens, et surtout Plotin et Proclus, ont-ils
compris et résolu ce grand problème? Jusqu'où l'ont-
ils conduit? où l'ont-ils laissé? Que leur a-t-il manqué
pour l'embrasser dans toute son étendue? C'est ce que
nous chercherons dans la suite des leçons de cette
année. Nous contrôlerons les théories des anciens et
par les théories modernes et par nos investigations
personnelles. Aucune lumière, aucun témoignage, aucun fait ne sera par nous négligé.

En effet, messieurs, à quoi nous servirait de connaître
les métaux, les plantes, les animaux; à quoi servirait aux
générations présentes d'avoir appris et la distance qui
nous sépare des astres, et le poids de ces grands corps,
et même la composition chimique du soleil; à quoi nous
servirait d'avoir fait reculer en tous sens les horizons de
la science, si nous venions à perdre la notion de notre
âme et de ce qu'il y a dans notre âme de plus personnel,
de plus noble, de meilleur? A la science de l'univers,
n'allons pas sacrifier la science de l'homme. Un tel sa-

CH. LÉVÊQUE.   2

(1) C'est le pur dogme catholique.

crifice n'est pas nécessaire, et rien ne le saurait compenser. Étudions les forces fatales, mais étudions plus attentivement encore notre puissance libre. Que la postérité, messieurs, ne puisse jamais dire de nous que, si nous n'avons pas goûté tous les fruits de la liberté, c'est que nous l'avions ou niée, ou méconnue.

Sous le nom générique de liberté on confond souvent la liberté [...] que et sociales que nous appellerons libertés extérieures avec la liberté morale sublime arbitre qui est toute intérieure, Quand toute liberté extérieure serait ôtée un

hom[...] [...] intérieure [...] intacte : elle [...]

c'est elle qui fait la dignité [...] et le mérite de l'hom[...]. Dieu seul qui [...] a donné peut en [...]

[...] la liberté la folie [...] peuvent qu'en suspendre l'exercice [...] ou en troublant [...] qui en est la condition essentielle.

DEUXIÈME ÉTUDE

DE L'ÉTAT ACTUEL DE LA SCIENCE DE L'AME

MÉTHODES,
OBSERVATION, INDUCTION; FAITS PRINCIPAUX, FACULTÉS,
IMMATÉRIALITÉ DE L'AME.

———

Les doctrines philosophiques vraiment fortes et vivaces se reconnaissent à deux marques principales : d'une part, elles ont des adversaires et se suscitent des défenseurs, ce qui atteste leur force de résistance ; d'autre part, elles vont produisant sans interruption des penseurs et des œuvres, ce qui manifeste cette autre puissance, bien supérieure à la précédente, qu'on nomme la fécondité. Or, depuis un demi-siècle que dure la philosophie spiritualiste, — longue durée en ce temps-ci, (1) — personne ne niera qu'elle n'ait constamment donné les deux preuves de force dont nous venons de parler. Elle a tour à tour triomphé des adversaires aussi résolus que nombreux qui l'ont successivement attaquée. Quant à sa fécondité, ceux-là mêmes qui n'en estiment pas les fruits sont obligés d'en reconnaître la persistance. Cependant des juges impartiaux ont assuré que l'influence qu'exerça autrefois cette philosophie a diminué depuis quelques années, et qu'elle a cessé de diriger

(1) le Spiritualisme comme dogme, a commna avec l ... comme théorie ou philosophie l a existé dans ... ecoles ... dont plusieurs philosophes

l'opinion. Il y a du vrai dans ce jugement, mais il conviendrait de réduire le fait à ses proportions exactes en distinguant entre l'influence purement scolaire, toujours subordonnée à l'action plus ou moins favorable des règlements, et l'influence scientifique, qui prouve davantage, parce que chacun peut à son gré l'accepter ou s'y soustraire. Sans doute, pendant une période de dix à douze années, cette partie de la jeunesse qui ne songe qu'au diplôme s'est trop souvent dispensée des études philosophiques, et cela seul a été un mal dont les fâcheuses conséquences n'ont pas tardé à éclater ; mais dans le même temps la philosophie spiritualiste a continué de voir ses chaires publiques entourées par une foule sérieuse, et ses livres anciens ou nouveaux lus, discutés, réfutés, défendus. Elle a vu, elle voit encore un groupe imposant d'économistes, de médecins, d'aliénistes, de physiologistes, de phrénologistes même (1), abandonner les routes sans issue de l'hypothèse matérialiste, et chercher dans l'analyse de l'âme par la conscience une base à leurs spéculations théoriques. Enfin, malgré les audaces, les habiletés et les flatteries du réalisme, ni la littérature tout entière, ni l'art tout entier n'ont été entraînés par les nouveaux courants.

Il y a plus cependant : en dehors des cadres ordinaires de l'enseignement et de la science, des hommes qu'aucun lien très-intime ne rattache à l'école spiritualiste consacrent d'honorables efforts et un talent réel à consolider et à développer les propositions essentielles sur lesquelles se fonde la philosophie de l'esprit. Ces penseurs et leurs livres témoignent, eux aussi, en faveur

---

(1) Voyez la *Phrénologie spiritualiste, nouvelles études de psychologie appliquée*, par M. le docteur Castle, deuxième édition, 1864.

d'une influence qui semble ne s'être affaiblie d'un certain côté que pour s'étendre dans un autre sens. Et non-seulement ils attestent, en la subissant, cette influence que l'on prétend épuisée, mais ils avouent hautement leur dessein de travailler à la répandre. A ce double titre, ils méritent que la philosophie qu'ils servent étudie leurs écrits et discute leurs idées. Nous ne saurions néanmoins entreprendre de les suivre pas à pas dans leurs investigations, tantôt profondes, tantôt subtiles, souvent inattendues, quelquefois heureuses : ce ne serait rien moins que passer en revue la philosophie tout entière. Entre les points qu'ils ont abordés, nous ne pouvons toucher que les plus importants ; mais au moment où tant de principes que l'on croyait définitivement acquis sont remis en doute, ou même rejetés sans forme de procès, ce qui importe avant tout, je dirais presque ce qui importe uniquement, ce sont les méthodes, et l'application qu'on en fait à la solution des questions premières. Or l'école spiritualiste demeure convaincue que la méthode psychologique est le procédé fondamental (elle ne dit pas le seul) de toute recherche philosophique ; en outre elle place au premier rang les questions qui se rapportent aux puissances de l'esprit, à sa nature, à sa distinction d'avec le corps. Au point où en sont les choses, tandis que les uns répètent à satiété qu'ils repoussent ces vues scientifiques comme de pures illusions, il ne suffit pas que d'autres répliquent avec chaleur qu'ils tiennent ces mêmes vues pour incontestablement justes. Ceux-ci doivent redoubler d'efforts afin d'entourer d'évidence ce que leurs adversaires déclarent chimérique parce qu'ils ne savent pas le voir. Est-ce bien là ce que font les penseurs dont nous parlerons plus bas? S'ils le font, le font-ils d'une manière originale et

forte ? ont-ils réussi, comme ils se le persuadent, à renouveler les méthodes philosophiques et à mieux constituer, comme ils y ont visé, la science de l'esprit tant
dans l'homme lui-même qu'au-dessus et au-dessous de
l'humanité? Voilà ce que nous nous proposons d'examiner. Cet examen sera au surplus une occasion très-
naturelle de dévoiler la faiblesse, les inconséquences,
les aveux même des autres écoles', et de nous assurer
par une discussion exempte d'aveugle optimisme que le
corps de doctrines auquel l'assaut a été livré en ces derniers temps n'a subi, en fin de compte, aucune sérieuse
atteinte. Voyons premièrement où en sont aujourd'hui
les questions de méthode.

I

Comme la solidité d'une science dépend de la puissance et de la certitude de ses procédés d'investigation,
le plus infaillible moyen de renverser cette science,
c'est d'en ruiner la méthode, si l'on peut. Cela fait, tout
s'écroule en un seul bloc. Et pour ruiner une méthode,
chacun sait qu'il suffit de démontrer que, dans ses plus
savants efforts, elle ne saisit que des fantômes. Qu'il
soit une bonne fois avéré que le psychologue appliqué à
s'observer intérieurement lui-même se donne à coups
d'imagination le plus vain des spectacles et ne tisse la-
borieusement que de misérables toiles d'araignée ; qu'il
soit établi que « les objets dont il s'occupe sont en dehors de l'expérience (1), » aussitôt la science de l'esprit
s'évanouit comme une fumée. Que, tout au contraire,
l'univers invisible soit aussi positivement réel que le

_____

(1) M. Littré, *Conservation, Révolution et Positivisme*, p. 42.

monde visible, la science de l'esprit est possible parce
qu'elle a un objet et, pour étudier cet objet, un instrument, la conscience ; bien plus, dans ce dernier cas, les
faits jusqu'ici régulièrement constatés, les lois rigoureusement induites, les causes reconnues et saisies,
demeurent comme autant de vérités acquises, et la
science de l'esprit, au lieu de renier son passé ou de
changer de méthode, n'a plus qu'à perfectionner sa méthode, s'il le faut, et à se continuer elle-même. De ces
deux situations quelle est celle où se trouve aujourd'hui
placée la psychologie spiritualiste ? Le terrain sur lequel
elle marchait avec confiance s'est-il tout à coup effondré,
ou bien chemine-t-elle sur le roc et peut-elle poursuivre sa route, sauf à en modifier au besoin, en quelques
endroits, le tracé primitif ? Voilà ce que la plus simple
prudence lui prescrit de bien voir, avant de prêter l'o-
reille aux conseils parfois pleins de hardiesse de ses
nouveaux amis.

Ce n'est pas d'hier que l'humanité et la science affir-
ment la réalité des faits internes de notre vie ; ce n'est
pas d'hier non plus qu'une certaine science nie la réalité
de ces mêmes faits. La lutte entre le matérialisme et le
spiritualisme a commencé, peu s'en faut, le même jour
que la philosophie. Nous n'avons nullement le dessein
d'écrire ici l'histoire de cette lutte, quelque intéressante
qu'elle soit, et quoiqu'on y puisse apprendre, entre autre chose, que le matérialisme, chaque fois qu'il ressu-
scite, se répète mot pour mot et tourne sur place, tandis qu'à chacun de ses retours le spiritualisme se développe et s'enrichit. Remontons seulement jusqu'à l'année
1826 et à la *préface* que M. Jouffroy écrivit à cette
époque pour sa traduction des *Esquisses de philosophie
morale* de Dugald Stewart. Quelles étaient les conclu-

sions de ce fragment célèbre ? Comment l'auteur les
a-t-il depuis étendues et complétées ? Quelle brèche
enfin la nouvelle critique peut-elle se vanter d'avoir
faite à ce simple, mais admirable monument ?

En 1826, les adversaires de la science de l'esprit pro-
cédaient et parlaient comme procèdent et parlent leurs
successeurs actuels. A la philosophie nouvelle, déjà pleine
de force et de vie et très-influente, les sciences physiques et naturelles, éblouies de leurs progrès, opposaient
les mêmes fins de non-recevoir qu'aujourd'hui. Témoin
de cette opposition, et au moment de la combattre,
M. Jouffroy en indiquait la cause dans les lignes sui-
vantes : « L'étude exclusivement heureuse des sciences
naturelles dans ces cinquante dernières années a accré-
dité parmi nous l'opinion qu'il n'y a de faits réels, ou
du moins qui soient susceptibles d'être constatés avec
certitude, que ceux qui tombent sous les sens. « Ainsi
les positivistes d'il y a trente-huit ans avaient porté le
débat sur un terrain purement scientifique. M. Jouffroy
les y suivit, et là, déployant toutes les ressources d'une
analyse irrésistible, il montra qu'il y a des faits « qui
ne sont point visibles à l'œil, point tangibles à la main,
que le microscope ni le scalpel ne peuvent atteindre, si
parfaits qu'on les suppose, qui échappent également au
goût, à l'odorat et à l'ouïe, et qui cependant sont très-
observables et très-susceptibles d'être constatés avec
une absolue certitude ». Nous disons que M. Jouffroy
montra ces deux vérités et non point qu'il les démontra;
c'est qu'en effet on ne démontre pas les choses qui sont
d'évidence immédiate : on ne peut et on ne doit qu'y
ramener les regards qui s'en détournent. L'usage inop-
portun de la démonstration compromet plus de principes qu'il ne renverse d'erreurs et ne produit de convic-

tions. M. Jouffroy se borna donc à inonder de lumière les faits de notre existence intellectuelle et morale et à mettre les esprits les plus rebelles dans l'impossibilité de ne pas déclarer ces faits aussi réels, aussi positifs, aussi certains que les faits appelés sensibles. Pour cela, il n'eut qu'à invoquer avec son habileté consommée le témoignage de cette faculté secrète qui, sous le nom de conscience ou de sens intime, nous avertit de tout ce qui se passe au plus profond de nous-mêmes. Ces avertissements, il n'est personne qui ne les entende, puisque quiconque souffre, pense ou veut, sait en même temps qu'il pense, souffre ou veut; il n'est personne qui ne s'y fie entièrement, puisque le monde entier vînt-il dire à un homme qui souffre qu'il ne souffre pas, cet homme en croirait sa conscience et non le monde entier ; enfin cette perception de notre état intérieur est si peu due à l'intervention de nos sens, que nul, même parmi les matérialistes, n'a jamais poussé l'absurdité jusqu'à demander à ses organes de relation des renseignements sur ses pensées , ses inclinations ou ses volontés. De tout cela il résulte une chose peu importante au premier aspect, mais de fort grande conséquence : c'est qu'il y a des réalités autres que celles dont nos sens sont frappés. M. Jouffroy crut avec raison qu'il n'était pas inutile d'obtenir de la bouche même des physiologistes l'aveu de ce point capital. Il lut donc leurs ouvrages et y vit qu'avant de chercher quelles sont les conditions matérielles de la sensation, de la pensée et de la volonté, les physiologistes prenaient forcément pour accordées l'existence de ces facultés invisibles et la réalité des actes internes de ces facultés. Par cet aveu, que leur dictait le bon sens, les physiologistes reconnaissaient comme certains des faits qui n'étaient ni visibles, ni tangibles, et se faisaient les témoins, presque les complices du nouveau spiritualisme.

Que s'est-il passé depuis cette époque? Quelqu'un s'est-il rencontré qui ait prouvé que les faits appelés internes, que les pensées, les volitions, les émotions n'existent pas et ne sont rien? Quelqu'un du moins, sans aller jusque-là, a-t-il démontré que ces mêmes faits, d'une réalité d'ailleurs incontestable, sont perçus au moyen des yeux, des oreilles, du toucher? Cette démonstration, Broussais lui-même, malgré l'excès de son audace, n'avait pas essayé de la fournir. Il avait été forcé de confesser que, lorsque l'homme perçoit, *il se perçoit lui-même percevant.* Il refusait aux psychologues et réservait exclusivement aux médecins le droit de constituer la science des facultés intellectuelles; mais il affirmait l'existence des faits intellectuels et ne prétendait pas que ces faits pussent tomber sous la prise de nos sens. Depuis l'a-t-on prétendu? a-t-on réussi à l'établir? En aucune sorte. On n'y a pas seulement pensé. Implicitement ou explicitement, et à coup sûr sans mesurer la portée de cette concession, on accorde qu'il y a des faits immatériels, non perceptibles au moyen des organes, quel que soit du reste le nom par lequel on désigne ces faits. M. Littré appelle de tous ses vœux et recommande de toutes les forces de son éminent esprit «une philosophie qui fasse également acception du monde et de l'homme, et qui soumette l'ensemble des idées subjectives à l'ensemble des idées objectives (1). » Certes, ou bien le mot *subjectif* n'a pas

(1) *Conservation, Révolution et Positivisme,* p. 42. Dans son ouvrage intitulé *Auguste Comte et la philosophie positive,* Paris 1863, p. 677, M. Littré s'est expliqué catégoriquement au sujet de la psychologie. Voici ce qu'il en dit : « Ce que j'appelle théorie subjective

de signification, ou bien il signifie un fait interne, immatériel, invisible, d'où il s'ensuit nécessairement que M. Littré admet un ordre de faits immatériels et invisibles, et que ceux de ses adhérents qui nient la réalité de l'invisible ne comprennent point la pensée de leur maître ou la dénaturent. Pour M. Taine, il pratique ouvertement l'observation intérieure : il analyse les pensées, il distingue et groupe tour à tour les abstractions. Et quand il considère ces objets, quand il les décompose et recompose, il sait parfaitement qu'il ne procède pas à la façon des physiciens et des chimistes. Recueillons encore à ce sujet le témoignage d'un esprit élevé, dont nous aimons le talent et la sincérité, et qui a le don bien rare de conquérir la sympathie de ceux qu'il contredit. «Celui qui étudie l'homme, dit M. Edmond Scherer, est lui-même un homme, et c'est en lui-même qu'il trouve et qu'il étudie l'être humain. Grâce à la conscience, il ne l'observe pas seulement du dehors, il voit ce qui se passe au dedans de lui ; il découvre, à

de l'humanité comprend, pour procéder selon l'ordre d'évolution, la morale, l'esthétique et la psychologie.

» S'il faut une science de la morale, il en faut, au même titre, une de l'esthétique et de la psychologie. Si la lacune que présente la philosophie positive est évidente quant à la morale, elle l'est aussi quant à l'esthétique et quant à la psychologie.

» Dans l'ordre de la méthode positive, c'est d'abord par l'objet que se construit le savoir humain ; et l'on termine par le sujet. »

Ainsi, voilà le subjectif, c'est-à-dire l'invisible, rangé au nombre des éléments positifs de la science. Cela mène tout droit à la métaphysique spiritualiste que la philosophie positive tantôt néglige et tantôt repousse. Quant à la méthode que propose M. Littré et qui consiste à construire d'abord la science par l'objet pour terminer par le sujet, cette méthode aurait le grave inconvénient de commencer par le moins connu et d'aller ensuite au plus connu. Mais procéder de ce qui est obscur à ce qui est clair et directement aperçu, n'est-ce pas le renversement et la destruction de toute méthode ?

côté des faits appréciables par les sens, tout un ordre
de faits qui échappent aux sens et qui n'existent que
pour la conscience (1). » M. Edmond Scherer n'est ni
matérialiste, ni positiviste ; mais il n'est pas non plus
spiritualiste à la façon de MM. Cousin et Jouffroy, et les
précautions extrêmes dont il s'entoure dès qu'il s'agit
d'énoncer une affirmation donnent aux lignes que nous
venons de transcrire un prix tout particulier. Ainsi la
réalité des faits internes est hors de contestation. Ce
terrain, où la science de l'esprit a jeté ses premiers
fondements, est si peu miné, si peu effondré, si peu
englouti sous je ne sais quelles terribles vagues, que les
philosophies les plus diverses, les plus ennemies même,
y prennent pied. Il y a donc en philosophie, malgré
tant de contraires apparences, un endroit fixe et stable.

Mais à l'observation doit succéder l'induction. M. Jouffroy, après avoir établi l'existence et la réalité des faits
internes, avait montré que la faculté qui les connaît
peut être dirigée d'une manière scientifique et généra-
liser les faits observés. Il avait merveilleusement décrit
et jusqu'à un certain point organisé la méthode psychologique, méthode très-ancienne, que Descartes avait
restaurée par un coup de génie, que plus récemment
MM. Royer-Collard, Maine de Biran et Cousin avaient
remise en vigueur, mais qui, pour prendre définitivement son rang parmi les procédés de la science, avait
besoin d'être constituée comme l'induction des sciences
physiques l'avait été par François Bacon. Cette tâche,
commencée dans la préface des *Esquisses de philosophie
morale* avec une circonspection presque excessive,
M. Jouffroy crut l'achever et l'acheva à peu près en

(1) *Mélanges d'histoire religieuse*, p. 177.

1839, dans son *Mémoire sur la légitimité de la distinction de la psychologie et de la physiologie*. Avant et depuis la publication de ce dernier ouvrage, la méthode psychologique a subi le feu de critiques ardentes : elle est sortie intacte de toutes ces épreuves ; elle a produit un nombre considérable de résultats désormais incontestés. Comment se fait-il donc que certains novateurs rêvent une transformation profonde de cette méthode et en apportent une autre qu'ils n'hésitent pas à décorer du titre pompeux de *Novum organum ?* A-t-on découvert tout à coup dans cette méthode quelque vice jusqu'à présent inaperçu ? Ce vice, en a-t-on démontré l'existence ? Enfin l'instrument scientifique que l'on propose est-il plus parfait que celui que l'on rejette ?

En premier lieu, on se persuade en effet avoir découvert que l'induction psychologique, appuyée sur l'observation intérieure, est entachée du vice d'incertitude. Un défenseur du spiritualisme gémit de voir que cette philosophie « ne se fait pas, n'existe pas (1), » et ce malheur a sa cause, à son avis, dans l'impuissance où se trouve l'induction expérimentale d'atteindre la certitude. « La philosophie existera, dit-on, elle prendra sa place au faîte des choses du monde, quand elle sera devenue une science exacte, comme la science de l'étendue et du nombre. » Et comment donc la philosophie acquerra-t-elle la puissance et la certitude des sciences exactes ? En substituant une induction rationnelle à l'induction expérimentale, dont l'infirmité est, pense-t-on, évidente. — Nous ne saurions laisser passer, sans en signaler l'erreur, cette théorie dangereuse. Qu'appelle-t-on en effet sciences exactes ? Celles-là mêmes qu'on a

_____

(1) Voyez l'ouvrage intitulé *La Raison*, par M. Alaux.

citées en exemple, les sciences de l'étendue et du nombre, la géométrie et l'arithmétique, qui ne travaillent
que sur de pures abstractions, qui ne demandent à l'expérience qu'une première excitation, une seule, et qui,
une fois en présence de l'idée rationnelle ou de l'axiome,
vont d'un pas infaillible à des conséquences absolument
vraies. Mais cette vérité mathématique est tellement le
caractère exclusif de l'abstraction, que dès qu'on la
transporte aux objets concrets connus par l'expérience,
elle s'altère aussitôt. Vous avez un champ qui a la forme
d'un trapèze ; pour le mesurer, vous partez de cette
vérité, que la surface d'un trapèze est égale à la demi-
somme des bases parallèles multipliée par la hauteur.
Vous opérez en conséquence et vous obtenez un nombre
que vous considérez comme l'expression mathématiquement exacte de l'aire de votre champ ; mais nul
savant ne s'y trompe : bien plus, un simple élève en
géométrie vous dirait que le chiffre obtenu représente
la surface d'un champ abstrait, en apparence égal au
vôtre, mais qu'à procéder avec la dernière rigueur, et à
tenir compte de tous les accidents du terrain que vous
avez négligés, vous aboutiriez à un résultat différent, et
dont l'exactitude, quoi que vous fissiez, ne serait jamais
qu'approximative. Or, si les mathématiques elles-mêmes
ne peuvent toucher la réalité, ne fût-ce que du bout de
l'aile, sans y perdre quelque chose de leur idéale rigueur, comment l'induction philosophique, dont l'essence et la loi sont de se rattacher à l'âme vivante et
de suivre les multiples mouvements d'un être libre et
sensible, revêtirait-elle sans les fausser, ou sans se
fausser elle-même, les formes roides de l'abstraction
mathématique ? La confusion des méthodes n'a jamais
produit que les erreurs les plus désastreuses. N'allons

pas brouiller encore l'écheveau dont les mains habiles des maîtres modernes ont eu tant de peine à séparer les fils. C'est confondre les méthodes que de vouloir à tout prix imposer aux unes le caractère des autres. Incontestablement l'induction se refuse à donner la certitude mathématique, mais elle en fournit une autre d'espèce différente et qui a sa valeur propre. Et la question aujourd'hui n'est plus de prouver que cette certitude existe, mais uniquement d'en déterminer le fondement, le degré et le signe.

Les penseurs des diverses écoles l'ont senti. Ils se sont bien gardés de frapper de discrédit le procédé fécond auquel les sciences physiques et naturelles sont redevables de leurs éclatants progrès. Unanimes à considérer l'induction expérimentale comme la clef même de ces sciences, ils ont seulement tâché de décrire le mécanisme et de calculer au juste la portée de cet admirable instrument. De cet effort sont nées des théories nouvelles sur quelques-unes desquelles le sujet même de ce travail nous oblige à jeter un rapide coup d'œil.

De toutes ces théories, la plus hardie est celle du positiviste anglais M. Stuart Mill, qu'a interprétée, abrégée et corrigée M. Taine (1). M. Mill définit l'induction « l'opération qui découvre et prouve les propositions générales, le procédé par lequel nous concluons que ce qui est vrai de certains individus d'une classe est vrai de toute la classe, ou que ce qui est vrai en certains temps sera vrai en tout temps, les circonstances étant pareilles. Cela revient à dire, ajoute M. Mill, que le cours de la nature est uniforme. » Mais l'induction, dit-il encore, ne part pas de cet axiome, elle y conduit; nous

(1) Voyez la *Revue des deux mondes* du 1er mars 1861.

ne la trouvons pas au commencement, nous la trouvons
à la fin de nos recherches. Au fond, l'expérience ne
présuppose rien hors d'elle-même. « Nul principe à priori
ne vient l'autoriser ni la guider... Il n'y a que l'expérience, et elle est partout. » La définition du procédé
d'induction donnée par M. Stuart Mill est exacte, quoique un peu longue, et nous l'acceptons volontiers.
Seulement nous sommes forcé de noter que les deux
dernières phrases de cette définition sont grosses de
conséquences qui renversent le système de l'auteur. Si
l'esprit humain ne possède qu'une seule faculté, l'expérience, et si l'induction elle-même n'est que l'expérience, ni plus ni moins, sous un autre nom, nous
demandons d'où viennent à l'esprit humain d'une part
l'idée de la permanence des classes d'êtres, et de l'autre
la notion d'un temps à venir impliquée dans celle de la
permanence des genres. Le mot expérience signifie le
pouvoir de connaître directement les choses par les
sens ou par la conscience; il signifie aussi le produit de
cette double connaissance, ce qui en demeure dans la
mémoire quand l'objet n'est plus présent. Réduits à l'expérience, nous ne connaissons donc évidemment que ce
que nous avons perçu d'une perception réelle et directe,
et partant tout ce qui est resté en dehors de notre expérience ou en dehors de l'expérience de nos semblables est
pour nous lettre close. Ainsi, dans le système de M. Mill,
l'avenir nous est fermé, car qui donc a jamais directement
et par expérience connu l'avenir? L'expérience vous parle
d'hier, d'avant-hier, d'il y a cent ans, mille ans, je le
comprends ; mais l'heure prochaine, le jour de demain,
qu'en peut-elle dire? Rien. Et si, en ce qui touche
l'avenir, l'expérience est sourde, aveugle, muette, par
quel miracle parviendrait-elle à prévoir la perpétuité

des genres et le retour périodique des grands faits naturels? L'expérience a vu ou voit par nos yeux ou par
ceux des autres ; mais prévoir est au-dessus de sa puissance, et puisque l'induction prévoit, l'induction et
l'expérience sont deux facultés distinctes de l'esprit
humain. La conséquence rigoureuse de la théorie de
M. Mill, c'est qu'il n'y a pas de faculté d'induction. Et
dès lors cette théorie, quoique l'expérience y soit remarquablement approfondie et décrite, n'a rien de scientifique à nous apprendre ni sur les fondements, ni sur le
degré de la certitude inductive.

Disons-le à l'éloge de M. Taine : son admiration pour
M. Mill ne l'a pas empêché de reconnaître que le positiviste anglais a confondu l'induction, non-seulement
avec l'expérience, mais, ce qui est plus grave encore,
« avec les expériences ». Une telle induction réunit des
matériaux, mais n'en tire aucun loi, et c'est là une lacune énorme. M. Taine a pensé qu'il était aisé de
combler cette lacune. « Ce n'est pas assez, a-t-il dit,
d'additionner des cas, il faut en retirer la loi. Ce n'est
pas assez d'expérimenter, il faut abstraire. Voilà la
grande opération scientifique». A ce compte, l'induction de M. Mill serait complète, pourvu que l'abstraction
vînt s'y ajouter. Nous n'en croyons rien. L'abstraction
est une opération bien connue : elle consiste à isoler
des individus eux-mêmes, à retenir et à considérer séparément un caractère commun à plusieurs individus
observés. Pierre, Paul, Jacques, sont mortels : j'oublie
Pierre, Paul, Jacques ; je ne me rappelle que la mortalité qui leur est commune, et je réfléchis à ce caractère. Voilà l'abstraction. Supposez que je ne fasse pas
autre chose, et il le faut bien, si je m'en tiens à l'abstraction : j'ai devant moi l'expérience, moins ce qu'elle

contenait d'individuel, mais je n'ai rien au delà de l'expérience, et je ne puis affirmer la mortalité que dans la mesure où je l'ai observée, c'est-à-dire dans trois cas dont je ne retiens que cette ressemblance. Que je dise davantage, que j'énonce la loi en ces termes : Donc tous les hommes sont mortels (quelle que soit d'ailleurs la cause de la mortalité), je généralise, j'induis, par conséquent je franchis les limites et de l'abstraction et de l'expérience. Ainsi l'abstraction simplifie le résultat de l'expérience ; elle n'étend ce résultat en aucun sens, ni dans l'espace, ni dans la durée, et l'induction de M. Mill est aussi stérile après la correction de M. Taine qu'elle l'était auparavant.

C'est qu'on aura beau faire, il faudra toujours en revenir à constater la force intellectuelle toute particulière qui nous emporte, par delà les faits concrets ou abstraits, dans les champs de l'inconnu, de l'avenir et du possible ; il faudra reconnaître que cette irrésistible énergie s'appuie sur un principe, et avouer que ce principe, supérieur à l'expérience, communique à l'induction sa première, sa plus essentielle certitude. Ce principe, énoncé de façons diverses qui renferment toutes un seul et même sens, peut se ramener aux termes suivants : le cours de la nature est soumis à des lois constantes, ce qui signifie qu'il n'y a point de hasard. Retranchez ce principe de la liste de nos croyances, aussitôt toute science s'évanouit. Il n'est donc pas surprenant que l'attention de la critique se reporte sans cesse vers cette base du savoir humain. On vient de voir que ce principe ne sortira jamais de la seule observation des faits. Qu'est-ce alors que ce principe ? Est-ce une vérité nécessaire, une proposition dont le contraire révolte la raison ? Plusieurs l'admettent. Est-ce tout sim-

plement une croyance irrésistible à laquelle on cède
d'instinct, parce qu'on ne peut faire autrement? La
solution positiviste de M. Mill et la solution de M. Taine
étant écartées, c'est entre la vérité nécessaire et la
croyance irrésistible que s'agite le débat, l'un des plus
grands, des plus intéressants, des plus actuels où se
puisse engager la philosophie. Ce n'est pas ici le lieu
de traiter la question dans ses détails; il y faudrait un
livre. Signalons du moins les difficultés du problème,
les opinions les plus récentes que ces difficultés ont
suscitées; notons enfin ce que ces épreuves redoublées
laissent subsister du procédé d'induction, et de la précieuse certitude qui s'y rattache.

Il y a des lois constantes qui, dans leur harmonieux
ensemble, composent l'ordre physique du monde. Cet
ordre, tous les hommes s'y confient. Celui qui bâtit
une maison ne doute pas un instant que les pierres qu'il
superpose les unes aux autres ne restent fixées à la terre
par la pesanteur; il ne se surprend jamais à craindre
qu'un accroissement gigantesque de la force centrifuge,
triomphant de la gravitation, lance subitement dans
l'espace les matériaux dispersés de l'édifice. Cependant
la loi de la chute des corps vers le centre de la terre et,
plus généralement, les lois diverses qui président à l'at-
traction des corps sont-elles autant de principes nécessaires dont le contraire soit conçu par la raison comme
impossible et absurde? Nullement. Par exemple, de
ce que la température actuelle de notre globe, remarque
l'auteur d'un savant ouvrage philosophique, M. Cour-
not (1), est depuis longtemps compatible avec l'existence
des êtres organisés, nous aurions grand tort d'induire

(1) *Essais sur les fondements de nos connaissances*, t. II, p. 9.

L'ordre actuel des choses n'est pas immuable, il

qu'elle a été et qu'elle sera toujours compatible avec les conditions de vie des végétaux et des animaux connus, et même de végétaux et d'animaux quelconques. — En démontrant que certaines espèces d'animaux ont disparu, que certaines autres ont succédé à celles-là, la science géologique a, non pas certes détruit, mais restreint le principe de la perpétuité des genres. Tels genres ont commencé d'être, ils peuvent donc cesser d'être. Ainsi le principe de la stabilité des lois de la nature n'est pas plus nécessaire que la nature elle-même n'est éternelle. Il n'en est pas moins vrai qu'au moment où j'écris ces lignes, je compte à tel point sur la durée du monde et de ses lois que la limite possible de cette durée me paraît se perdre sinon dans l'infini, au moins dans l'indéfini. Ces deux mouvements de ma pensée sont-ils contradictoires ? Y a-t-il là une de ces antinomies que la plus subtile logique ne résout pas ? ou bien faut-il dire que la raison n'est pour rien dans notre croyance à la stabilité des lois du monde, et que le seul élément à priori qui s'y mêle, c'est notre disposition naturelle (1), qui serait ainsi, et en dernière analyse, l'unique base de la certitude inductive ? Ou plutôt n'y a-t-il pas à la fois dans ce principe un peu moins qu'un acte pur de la raison et un peu plus qu'une affirmation du simple bon sens ? Soumettons notre esprit à l'expérience que voici : essayons d'imaginer que le vaste univers se brisera demain comme un bolide, ne laissant de lui-même que d'informes débris et un immense nuage de fumée bientôt évanoui dans d'éternelles ténèbres. Notre penchant à persévérer dans l'être résistera de toute son énergie à cette pensée ; mais nous sentirons en nous

(1) M. de Rémusat, *Bacon, sa vie, son temps, etc.*, p. 346.

une autre puissante énergie y résister également. Notre raison protestera, et si nous la mettons en demeure d'expliquer sa résistance, ne répondra-t-elle pas que l'ordre et la perfection impliquent la durée, et que, dans les œuvres divines et humaines, la durée est ou doit être en raison directe de la perfection? Elle dira, si la passion des systèmes ne lui coupe la parole, que, de même que l'éternelle durée lui paraît inséparable de la perfection infinie, de même une durée relative, mais indéfinie, est inséparable de la perfection relative sans doute et bornée, mais dont la grandeur dépasse indéfiniment nos plus amples mesures finies. Ou notre raison (1) nous trompe, ou cette réponse est vraie. Les spiritualistes auxquels nous nous adressons en ce moment acceptent-ils cette réponse? Alors ils doivent admettre aussi qu'il y a dans notre croyance à la stabilité de l'ordre du monde un élément à priori autre que notre disposition naturelle, et que cet autre élément, c'est l'idée de l'ordre intelligible éternel, type, mesure et fondement de l'ordre des choses finies et de leur durée. A ce point de vue, le principe de la stabilité des lois de la nature ne serait plus seulement un effet de notre constitution; il ne serait pas non plus un jugement de la raison pure, comme le veulent quelques-uns : il faudrait y voir un axiome physique appuyé sur une vérité métaphysique, et de là viendrait la certitude, à la fois inébranlable et relative, de ce principe universellement proclamé. « L'instinct de raison qui nous porte à nous fier à l'induction n'est puissant et n'existe sans doute, dit M. de Rémusat, que parce qu'il se rapporte à des vérités supérieures plus universelles que l'esprit de l'homme lui-même. » Au surplus, que l'on accepte cette explication, ou qu'on le rejette, le principe reste.

3.

(1) Ce n'est une probabilité, et non pas une certitude.

« Une certaine stabilité dans les choses est la base universelle de la connaissance. Si c'est une illusion, la
science en est une (1). » Le psychologue qui conclut de
sa vie interne à la vie interne des autres hommes, et
des lois qui régissent sa raison à celles qui régissent la
raison d'autrui, se fonde sur ce principe. Si la science
psychologique est une illusion, toutes les sciences ex-
périmentales sont des illusions pareilles. Point de milieu : il faut les prendre toutes, ou toutes les laisser.

Cependant une nouvelle difficulté se présente. Les
lois de la nature sont stables; mais à quel signe recon-
naîtrons-nous une loi véritable, et comment la distin-
guerons-nous d'une abusive généralisation? L'axiome
inductif, semblable en ce point à tous les axiomes, règle
et soutient la recherche; il ne la féconde pas. C'est un
point d'appui, non une force inventive. Où donc réside
la puissance qui découvre? Dans l'expérience. A cet
égard, tous les récents psychologues sont d'accord.
Qu'on y songe en effet : l'induction n'a pas la vertu que
lui prête une ambitieuse métaphore; elle ne perce pas
les voiles de l'avenir, elle ne devine rien, ne prophétise
rien. Toute sa puissance ne va qu'à affirmer de l'avenir,
ou d'un passé inconnu, ou même d'un présent qui
échappe à l'observation directe, ce qui, dans un passé
connu, s'est montré régulier, constant, périodique. Ce
qui a duré, dit-elle, ce qui a persisté, durera, persistera;
mais comment connaît-elle ce qui a duré? Par l'expérience. Et en parlant de la sorte nous ne tombons point
nous-même dans la faute que nous avons reprochée à
M. Stuart Mill et à M. Taine; nous n'attribuons à l'expérience que sa juste part, laquelle ne saurait jamais

(1) M. de Rémusat, *Bacon, sa vie, etc.*, p. 350.

excéder le résultat de l'observation. Cependant ce
résultat, c'est le germe même qui, couvé et nourri par
l'induction, acquiert des proportions indéfinies et envahit
l'espace et le temps; mais ce germe, il faut être sûr
qu'on le tient et, pour cela, en éprouver plusieurs fois
la vitalité et la force ; il faut le contraindre à manifester
tout ce qu'il est et tout ce qu'il peut. «La nature se
trahit plus pleinement, dit Bacon, quand l'art la presse
et lui fait violence que lorsqu'elle est laissée en liberté.»
Il faut obtenir de la nature «des coups de lumière» qui
éclairent à nos yeux ses énergies essentielles et ses
aptitudes favorites. Donc il faut observer et expérimenter.
Cette règle est universellement acceptée. En l'appli-
quant, la psychologie a désarmé beaucoup de ses anciens
ennemis et tient en échec ses nouveaux adversaires.
Eh bien! c'est tel sincère ami de la psychologie, qui
condamne aujourd'hui la méthode d'observation, coupable, à ses yeux du moins, de n'avoir jamais donné
qu'une certitude incomplète, au lieu de la certitude
rationnelle et mathématique dont la philosophie a
besoin. A l'observation, ce défenseur du spiritualisme
prétend n'emprunter qu'un fait, un seul, par exemple
l'existence du moi et, sur ce fait unique, construire la
philosophie tout entière. Comment? En faisant passer
ce fait à travers les idées rationnelles de cause, de
substance, d'espace, de temps, de nombre, en impré-
gnant ainsi ce fait de réalité métaphysique et de certitude
rationnelle, enfin en tirant de cette sorte d'œuf, par
une déduction infaillible, le système complet des êtres
et des choses. Cependant ni la ténacité de l'auteur, ni
son amour des âpres difficultés, ni son ardeur à les
aborder de front, ni ses efforts pour les tourner quand
il ne peut les emporter de haute lutte, ne réussissent à

changer les conditions essentielles de la science de l'esprit. L'observation y demeure reine et maîtresse. Chassée d'un côté, elle rentre de l'autre. Le trop hardi psychologue, qui s'est flatté de ne demander à l'expérience qu'un premier fait et qui l'a congédiée ensuite, est obligé de la rappeler à la fin. Et pourquoi faire? Pour vérifier, dit-il, l'exactitude des résultats de son induction rationnelle. Or de deux choses l'une : ou ces résultats sont mathématiquement exacts, et alors l'expérience n'a pas à les vérifier, ou bien votre méthode inductive n'a pu revêtir la rigueur abstraite des mathématiques et, dans ce cas, la sagesse commande de s'en tenir à l'ancien procédé, c'est-à-dire à l'induction expérimentale (1).

Là est le salut, là aussi le progrès. Ainsi nous croyons être en droit de le dire en terminant la première partie de cette étude, les récents débats n'ont ni ébranlé le point d'appui du spiritualisme, c'est-à-dire l'existence des faits internes et invisibles, ni infirmé à un degré quelconque la puissance de sa méthode initiale, c'est-à-dire l'induction expérimentale. Voyons maintenant si l'usage qu'ont fait de cette méthode les nouveaux psychologues a modifié les théories jusqu'à ce jour accréditées sur la vie et les puissances de l'esprit.

II

En négligeant les points de doctrine sur lesquels les spiritualistes s'entendent à peu près aujourd'hui, et à ne

(1) Voyez dans le traité de M. Adolphe Garnier, *les Facultés de l'âme*, ce qui est relatif à l'induction. Voyez aussi l'article *Induction*, par M. Adolphe Franck, dans le *Dictionnaire des sciences philosophiques*, où la certitude inductive est fortement établie.

tenir compte que de ce qui est nouveau ou suffisamment
renouvelé, on remarquera dans deux ouvrages que nous
citerons : premièrement une théorie psychologique
de M. Huet, qui ôte à l'âme et transporte dans le corps
la sensibilité qu'on a coutume d'appeler physique; en
second lieu, du même philosophe, une polémique
contre les résultats que Maine de Biran a tirés du sentiment de l'effort musculaire; enfin, dans un livre de
M. Destrem, une vigoureuse défense de la liberté
humaine et une conception originale de la prescience
ou plutôt de l'*imprescience volontaire* de Dieu. Examinons ces nouvelles doctrines et discutons-les.

Les vues de M. Huet sur la sensibilité se rattachent à un
mouvement que nous avons nous-même signalé (1) il y a
six ans, et qui, s'accroissant de jour en jour, a rapproché
les psychologues des physiologistes. Comme les autres
amitiés humaines, ce rapprochement a ses vicissitudes.
Tantôt les alliés s'embrassent étroitement, tantôt, gardant
une attitude circonspecte, ils s'en tiennent simplement à
l'entente cordiale, et se bornent à s'entr'aider sans se faire
l'un à l'autre de trop larges emprunts. Dans ces derniers
temps, pour expliquer les phénomènes de la vie, certains
physiologistes avaient demandé, et certains psychologues
avaient généreusement prêté l'âme pensante elle-même.
On n'a pas tardé à s'apercevoir que cette confusion de for-
tunes avait des inconvénients. On cherche donc aujour-
d'hui à rentrer insensiblement chacun dans son avoir. Par
exemple, M. le docteur Bouchut (2) a essayé, il y a peu
de temps, de rétablir les positions, et de rendre à la vie
et à l'âme ce qui appartient à l'âme et à la vie. M. Huet,
lui aussi, réagit contre l'animisme; de peur de porter

(1) *Revue des deux mondes* du 15 avril 1858.
(2) *La vie et ses attributs.* Voyez aussi son *Étude sur le Vitalisme.*

atteinte à la pureté spirituelle du principe pensant, non-
seulement il lui dénie toute participation aux fonctions
de la vie, mais il lui enlève tout un ensemble de manières
d'exister, considérées aujourd'hui comme essentiellement psychologiques. Avant de prouver que c'est là un
spiritualisme excessif, voyons comment le savant disciple de Bordas-Dumoulin est arrivé à cette nouvelle
délimitation des frontières de l'âme. Il y est arrivé par
une voie très-intéressante et qu'il nous faut parcourir
sur ses traces, quoique beaucoup plus rapidement que
lui. Cette voie, c'est l'observation de la vie jusque dans
ses manifestations les plus infimes, les plus informes, les
plus microscopiques ; c'est aussi l'étude des phénomènes
physiologiques les plus délicats comme les moins accessibles aux regards de la conscience. Cette observation
et cette étude nous découvrent dans la matière animale
une série d'attributs dont la métaphysique aura tôt ou
tard à rechercher le sujet. Pour le moment, il est d'un
haut intérêt de les décrire et de savoir en quoi ils ressemblent aux attributs de l'âme elle-même et en quoi
ils en diffèrent. C'est pourquoi M. Bouchut, qui est fran-
chement spiritualiste, s'est appliqué à classer, à caractériser et à distinguer des facultés de l'âme ces attributs
de la vie animale. Il en compte trois : l'*impressibilité*,
l'*autocinésie* et la *promorphose*. L'impressibilité, c'est la
propriété qu'a toute matière vivante de sentir sans
organes et sans conscience aucune de l'impression reçue.
L'autocinésie, c'est la propriété qu'a cette même matière
de se mouvoir sans organes de mouvement. Enfin la
promorphose, c'est le pouvoir dont est douée la matière
vivante de prendre une forme particulière, et de tout
conduire comme sciemment pour réaliser le type des
espèces. Des exemples frappants mettent ces propriétés

en pleine évidence. Dans le phénomène de la fécondation, l'ovule fécondé subit une impression qui n'est pas sentie; voilà l'impressibilité. Les globules blancs du sang, placés entre deux plaques de verre, poussent sous les yeux de l'observateur des prolongements irréguliers qui rentrent ensuite dans le globule, comme les cornes d'un limaçon dans la tête de cet animal : voilà le mouvement spontané. Quant à la promorphose, c'est elle qui met chaque chose à sa place, l'atome musculaire au muscle, l'atome osseux à l'os; c'est elle, par exemple, qui d'une *planaire* coupée en deux fait deux planaires en ajoutant à chacune des extrémités séparées une autre extrémité pareille à celle que lui a enlevée la division. Cette matière vivante communique ses propres attributs aux organes et aux tissus auxquels elle est antérieure, qu'elle forme, qu'elle répare. C'est ce qui a fait dire à de grands physiologistes que chaque organe, chaque molécule de matière vivante sont autant d'animaux dans chaque animal. A cette pensée, M. Huet s'écrie éloquemment : «C'est une richesse à faire pâlir la splendeur des cieux.» Richesse splendide en effet, mais dont le spectacle prolongé peut aller jusqu'à donner l'éblouissement et même le vertige. Sur le bord de ce gouffre de l'indéfini où chaque unité vivante laisse voir au fond d'elle-même des millions d'existences, l'imagination surexcitée exalte à son tour la raison ; bientôt celle-ci prend ses audaces pour des intuitions révélatrices, et cédant à ses propres élans au lieu de les réprimer, elle s'égare jusqu'aux limites les plus extrêmes de l'hypothèse.

M. Huet ne tombe point dans cette ivresse. Il ne s'égare pas comme certains contemporains, dans les espaces nébuleux des fantaisies cosmologiques. Sa raison est

ferme, son expérience consommée ; il reste toujours
maître de sa pensée et de sa phrase. Cependant il est
une barrière qu'on est surpris de le voir franchir sans
aucune hésitation. Cette barrière, non-seulement il la
franchit, mais, autant qu'il est en lui, il la renverse. Les
fonctions élémentaires de la matière vivante sont-elles
accomplies par des forces dépourvues de conscience ?
Oui, répond M. Bouchut, non, dit M. Huet. — Pour
mettre à couvert notre responsabilité de critique, nous
citerons le passage où la doctrine de M. Huet s'exprime
et se résume avec une franche clarté : « A l'instinct et
à la faculté d'être [impressionnée, toute partie organique, toute molécule vivante joint une dernière propriété
qui complète son existencé : d'une part, *elle a son unité
et elle la sent,* ce qui constitue une espèce d'amour de
soi, de sens interne de sa propre conservation ; d'autre
part, elle a ses liaisons naturelles également senties avec
les autres éléments organiques, ses sympathies et affections internes, et même ses affinités et ses répulsions à
l'égard des corps extérieurs, comme elle le montre à
leur contact. Au lieu d'une molécule, prenez un organe
qui a aussi le sens interne de son unité propre, et les
mêmes effets vont se produire sur une grande échelle.
Prenez enfin l'organisme entier avec son unité dominant
la hiérarchie des organes et des fonctions, et vous au-
rez avec le sens interne général, et pour ainsi parler le
moi animal, les phénomènes plus complexes de sympathies, d'affinités et de répulsions au dedans et au dehors,
qui, se mêlant aux penchants instinctifs et aux représen-
tations centrales, manifestent la plus haute puissance de
la sensibilité affective (1). » Ainsi voilà qui est net :

_____

(1) *La Science de l'esprit,* t. Ier, p. 43.

toute molécule a le sens interne d'elle-même, c'est-à-
dire évidemment la conscience. M. Huet va plus loin encore : il souscrit à cette opinion de M. le docteur Pi-
doux, qu'il n'est pas une parcelle de substance nerveuse
qui n'ait de l'imagination à un degré quelconque, pas
une non plus qui ne soit douée aussi bien de mémoire
et d'affections élémentaires que d'imagination à ce même
degré. La dernière conséquence de ces vues hardies, c'est
que le corps humain est un animal à lui tout seul et in-
dépendamment de son union avec l'âme; c'est que, outre
la nutrition, il a la faculté de sentir ; c'est que la sensation
lui appartient, non à l'âme, et que l'âme de l'homme ne
lui sert pas à sentir ; que lorsque l'âme croit ressentir des
instincts, des passions, des impulsions, des représenta-
tions, des douleurs enfin, cette âme pensante écoute de
près, mais que ce n'est pas encore elle-même qu'elle
perçoit. Quel est donc en nous le sujet de ces sensations
que l'âme écoute, mais n'éprouve pas ? Ce n'est pas l'é-
tendue abstraite, ce n'est pas un principe immatériel ;
c'est la matière active, vivante et sensible.

Nous avons mis d'autant plus de soin à résumer cette
théorie et nous devons d'autant plus y insister, que
l'homme qui la propose, très-spiritualiste lui-même, se
montre plus sévère à l'égard des chefs du spiritualisme
français. Loin de nous l'intention de blâmer systémati-
quement les philosophes investigateurs qui, selon un
mot récent de M. de Résumat appliqué à Jean Reynaud,
« hasardent plus qu'ils ne prouvent, mais font du moins
penser ceux qu'ils ne persuadent pas ». Nous ne croyons
pas davantage qu'il faille proscrire sans pitié l'hypothèse :
on doit l'admettre au contraire lorsque les faits, en la
justifiant dans une certaine mesure, promettent de la
vérifier complétement tôt ou tard ; mais enfin l'hypo-

thèse elle-même, la plus audacieuse aussi bien que la plus timide, part toujours de quelques données connues sur lesquelles elle édifie l'inconnu, et elle se garde bien de sacrifier à cet inconnu l'élément expérimental qui fait déjà et qui, par la suite, augmentera sa force. Or, à ne parler que de la sensibilité physique ou capacité de jouir et de souffrir par le corps, où et comment M. Huet a-t-il connu cette faculté qu'il attribue à la matière vivante, en y ajoutant la conscience ? En lui-même évidemment, sans quoi comment en aurait-il la moindre idée ? Puisqu'il l'a connue en lui-même, il a vu d'une vue directe, immédiate, que le principe ou, si l'on veut, le sujet sentant lui était connu à titre d'être immatériel. S'il a vu cela, nous ne comprenons plus qu'il attribue à une matière, même vivante, ce qui est la propriété d'un être immatériel. A quoi il nous répond que l'expérience interne lui a révélé tout autre chose, et que sa conscience lui a affirmé que l'âme pensante connaît, écoute recueille les sensations du corps, telles que la souffrance et le plaisir appelés physiques, mais qu'elle ne souffre pas de ces souffrances et qu'elle ne jouit pas de ces plaisirs. Voilà un point qu'on ne peut accorder. Quand on m'arrache une dent, mon âme fait plus que « d'être sympathique » à mon corps et de « s'intéresser » à ce compagnon souffrant : elle souffre personnellement, en elle-même, pour son propre compte. Si quelque chose est certain au monde, c'est cela. Spectateur d'une amputation, je compatis aux souffrances de l'amputé, je ne pâtis point ; au contraire, si c'est ma jambe que le chirurgien coupe, je pâtis, je suis le patient, et je ne saurais dire, sans faire violence aux termes, que dans ce dernier cas je me borne à compatir aux douleurs de cet animal qui est mon corps. Entre la sympathie la plus profonde, la plus vive et le pâtir, il y a des différences essentielles et indélébiles. On ne les efface pas en alléguant que le corps est un animal auquel l'âme n'est qu'adjointe. L'observation condamne un tel langage, et elle y substitue celui-ci : qu'en nous l'homme et l'animal ont une seule et même âme, humaine par la raison, la liberté et les sentiments, animale par les sensations et les instincts. Tout ce qui est au-dessous n'est plus ni l'homme ni l'animal, c'est l'organisme; mais l'organisme, c'est de la matière. Or, encore un coup, le seul être sensible que nous connaissions bien est immatériel. Ainsi l'hypothèse d'une matière sensible et consciente de sa sensibilité n'a aucun fondement; de plus, elle est contredite par l'expérience interne, la plus certaine de toutes, d'où il faut conclure que la sensation est dans l'âme et que le corps, pour employer l'excellent mot adopté par M. Bouchut, n'est qu'impressible.

De sa théorie, qui dépouille l'âme de la sensation pour la reporter à la matière vivante, M. Huet a tiré, contre l'idée la plus originale de Maine de Biran, l'objection la plus inattendue. D'après l'auteur de la *Science de l'esprit*, Maine de Biran n'a fait qu'obscurcir la vérité en cherchant le type de la cause hors du moi, dans l'effort musculaire, puisque alors Maine de Biran a d'un côté une cause spirituelle, de l'autre un effet matériel, et nul lien entre eux que la connaissance immédiate puisse démontrer. Ainsi, dit ailleurs M. Huet, Maine de Biran viole l'esprit en y introduisant la sensation ; il manque l'idée de cause ; il confond les limites des deux règnes, le spirituel et l'animal, et ouvre la porte au matérialisme. — Ce dernier trait est assurément de toutes les mille nouveautés de notre époque l'une des plus nouvelles. Quiconque a lu deux pages de l'histoire du spi-

ritualisme au XIXᵉ siècle sait que le rétablissement de
l'activité de l'âme, que la démonstration de la puissance
volontaire du moi par la mise en évidence du sentiment
de l'effort musculaire dans le mouvement de nos membres, ne fut rien moins que le renversment de la théorie
fataliste de la sensation transformée, que Condillac avait
léguée à notre temps. Ce fait si simple et si vulgaire :
je veux mouvoir mon bras et je le meus ; donc je suis
une cause ; — ce fait a, dans les doctrines modernes, le
même prix et la même portée que le *Je pense, donc je
suis,* dans la doctrine cartésienne, ou plutôt ces deux
faits se complètent réciproquement et donnent à la métaphysique une double base inébranlable. D'après Maine
de Biran, il y a dans le mouvement volontaire de mon
bras trois éléments : la volonté, la sensation de l'effort
musculaire, le mouvement. Les deux premiers éléments
sont distincts, mais réunis dans le même fait de conscience. Il est à remarquer que c'est entre ces deux élément que Maine de Biran saisit et constate surtout le
rapport de cause à effet (1), en quoi il a raison, car,
que le mouvement suive ou ne suive pas l'effort, l'effort
n'en est pas moins produit, la sensation de l'effort n'en
est pas moins sentie, et l'âme n'en est pas moins cause
et de l'effort et de la sensation qui l'accompagne. Cependant, si le mouvement suit l'effort, l'effort étant produit par la volonté, le mouvement a aussi la volonté
pour cause, et dans ce cas l'âme se sent cause et de
l'effort et du mouvement. Il y a donc entre le mouvement et la volonté un lien qu'aperçoit la connaissance
immédiate, et ce lien, c'est la sensation de l'effort.

_____

(1) Voyez les *Nouvelles Considérations sur les rapports du physique et du moral de l'homme,* p. 245-246.

M. Huet nie l'existence de cette sensation par ce motif que les sensations appartiennent aux organes. Nous pourrions répéter ici ce qui a été déjà dit plus haut : que les sensations, quoique ayant le corps pour condition, sont positivement éprouvées par l'âme ; mais voilà que E. Huet, par les défauts de sa propre théorie du mouvement corporel, réfute, sans s'en douter, les critiques qu'il a adressées à Maine de Biran et les détourne sur lui-même. Selon Maine de Biran, l'âme est la cause motrice du corps et se sent telle. Selon son adversaire, l'esprit a une puissance excitatrice à l'égard du corps, se sent en possession de cette puissance, et s'en sert à volonté. Se sentir puissance excitatrice, c'est évidemment se sentir cause. Ainsi, selon M. Huet comme selon Maine de Biran, il y a, dans le mouvement de mon bras, d'un côté une cause spirituelle, de l'autre un effet matériel. Entre ces deux termes, il faut un lien : ce lien, je le vois dans la théorie de Maine de Biran ; dans celle de M. Huet, je ne le vois plus. La sensation ôtée, à quel signe reconnaîtrai-je que je suis moi-même la puissance excitatrice de mon corps ? Qui me dira que c'est bien moi qui ai atteint et excité l'organe ? Rien. Si quelqu'un obscurcit la notion de cause, n'est-ce pas le philosophe qui crée un tel intervalle entre la force libre et son effet ? Si quelqu'un ouvre la porte au matérialisme, n'est-ce pas le psychologue qui attribue le fait essentiellement simple et spirituel de la sensation à l'organisme, vivant il est vrai, mais matériel et étendu ? Le fait proclamé par Maine de Biran demeure donc incontestable. On comprendra que nous ayons tenu à en vérifier et à en défendre, même un peu longuement, l'entière certitude. Ce fait, comme tous ceux où notre liberté brille d'une pure et saisissante lumière, a un prix

scientifique inestimable ; mais tous ne sont pas aussi faciles à montrer, à reproduire, à faire toucher du doigt en
quelque sorte. Assurément le moindre acte de volonté,
la simple résolution d'agir bien ou mal, un *non* énergiquement répondu soit à quelque mauvaise passion qui
secrètement nous sollicite, soit à quelque corrupteur
qui donne l'assaut à notre loyauté, voilà des marques de
notre liberté non moins éclatantes qu'un mouvement
volontaire de mon bras ou de ma jambe. Ces marques,
ces preuves directes plus fortes que l'argument le plus
serré, on ne doit jamais les omettre quand il s'agit d'é-
tablir que l'homme n'est ni un rouage dans un mécanisme, ni un fait dans une série fatalement déroulée à
l'infini, mais une personne et une cause. Ces preuves,
M. Huet a eu raison de les invoquer. Toutefois le fait
qui saute aux yeux a, pour convaincre, une puissance
incomparable. Chacun le connaît ; presque personne n'y
prend garde. Chose singulière, il faut que le génie vienne
signaler ce fait, et dès lors c'est comme un flambeau qui
s'allume et qui répand la clarté sur toute une vaste région
où régnait la nuit. Que les spiritualistes qui croient à la liberté n'éteignent aucun des flambeaux qui l'éclairent. Assez d'autres, sciemment ou non, se chargent de ce soin.

  Ces derniers sont plus nombreux qu'on ne le pense.
Ils passent inaperçus ; disons mieux, on les aperçoit,
mais au lieu de les craindre, on les admire, parce que
les nouveautés, parfois bien anciennes, qu'ils présentent
hardiment à une société avide de changement, cachent
à celle-ci les conséquences de leurs idées et l'étendue
de leurs négations. En relisant l'histoire de ce temps,
la postérité assistera à l'étrange spectacle d'un même
siècle frémissant de regret et d'espérance au seul nom
de la liberté, et accueillant avec empressement des con-

ceptions philosophiques qui ne vont à rien moins qu'à couper la racine du libre arbitre. Certes une telle destruction passe infiniment, grâce à Dieu, la puissance de l'homme ; mais qu'importe, si l'âme libre se méconnaît et de sang-froid assimile les actes les plus nobles de sa vie morale aux mouvements aveugles, aux irrésistibles combinaisons des particules chimiques? On vante à chaque instant l'observation et l'expérience. Qu'on les consulte, qu'on les interroge, rien de mieux ; mais qu'on les interroge jusqu'au bout et qu'on les écoute toutes les fois et partout où elles parlent; on en arrivera alors à entendre soi-même et à faire entendre aux autres la voix de cette puissance invisible qui, dans chacun de nous, se détermine elle-même. C'est à quoi tend, en ses meilleures parties, le livre de M. Hippolyte Destrem qui s'intitule : *Du Moi divin et de son action sur l'univers.* A vrai dire, cet ouvrage est un essai de théodicée et non un traité du libre arbitre. Seulement l'un des problèmes essentiels de la théodicée est de savoir quelle est dans nos œuvres la part de notre volonté, et quelle la part de la cause suprême. Si Dieu est tout et fait tout, nous ne sommes que des instruments de sa volonté, sans volonté qui nous soit propre. Si nous sommes une cause, Dieu n'est pas cause de tout. Ainsi la question de la liberté humaine occupe autant de place dans le volume de M. Destrem que celle de la puissance de Dieu et de sa prescience. Pour la résoudre, il emploie ou croit employer la méthode infaillible des géomètres. Un invincible besoin de rigueur et d'affirmation est excité en lui par l'évidente stérilité des efforts de l'école critique. «Le véritable besoin des temps actuels, dit-il avec force, c'est le besoin d'affirmer, et l'on n'affirme pas en restant dans un ordre de considérations vagues, générales, indéterminées, ni en appelant au secours d'une logique défaillante ou nulle les ressources débiles de la sentimentalité pure. On n'affirme qu'en énonçant nettement, catégoriquement, en propositions formulées à la façon des théorèmes de mathématiques ou des dispositions d'un code, des principes et des séries de principes. »

Ce langage est un symptôme : il révèle un mouvement énergique de réaction contre l'abus de la critique negative et contre des spéculations plus poétiques que philosophiques, plus molles et énervantes que fortifiantes et vigoureuses ; mais, comme ceux qui réagissent, M. Destrem tend peut-être à l'excès les ressorts de son intelligence. Poursuivant « une dogmatique des temps nouveaux selon des bases rationnelles », craignant de ne pas serrer assez le tissu de son système, il l'enferme et le presse à outrance dans des cadres inflexibles. A l'inverse des partisans français du *relatif* et du *devenir*, qui, lorsque leurs mains rencontrent une vérité, la laissent fuir entre les doigts comme de l'eau, de peur de la fausser en le retenant et de la détruire en l'affirmant, dès que M. Destrem a saisi un fait, il le charge des plus pesantes chaînes qu'ait jamais forgées la logique. Il a même imaginé ce qu'il appelle le *tableau logique* ou *le syllogisme polynôme*, où il déduit, dans la colonne de gauche, les conséquences de l'hypothèse de la fatalité, dans la colonne de droite les conséquences du fait de liberté. Un pareil tableau n'est pas inutile, mais le mérite en est bien plus descriptif que mathématiquement démonstratif. La liberté est un fait presque continuel de notre vie morale. Or les faits gagnent peu, s'ils sont immédiatement connus, à être présentés sous forme de vérités déduites. Le moyen par excellence ou plutôt l'unique moyen de les mettre hors de doute, c'est d'en

appeler vivement au témoignage de la conscience pour
les actes de notre vie interne. Cette voie est tellement
naturelle que M. Destrem y rentre de lui-même et y
cherche la vérification expérimentale des propositions
alignées dans son tableau ; sur ce terrain, il se montre
tout autrement fort et convaincant que lorsqu'il combine
des majeures et des mineures d'où il tire des conclusions. Ses analyses sur le vif, trop courtes, mais profondes, ses exemples d'activité libre, trop rares, mais
bien choisis, et développés dans un style parfois rude
et bizarre, mais toujours ferme, réveillent dans le lecteur la pleine conscience de l'énergie personnelle. A
ceux qui remplacent la cause, la substance, la personne
par des groupes de mouvements présents ou possibles
et des groupes de pensées présentes ou possibles, il
oppose cet argument, que M. Taine n'a pas réfuté et ne
réfutera pas : s'il n'y a en nous que des pensées, des
modalités pures, sans esprit ni corps, il faudra dire
qu'une simple qualité se connaît, se pense et s'observe,
et ces termes devant lesquels l'esprit de système n'a
pas toujours hésité sont aussi dépourvus de signification
que les propos qu'on tiendrait si l'on parlait d'un œil
qui écoute et d'un odorat qui voit. — A ceux qui, ou-
bliant la vie elle-même et son éloquente réalité, nous
représentent la suite de nos libres démarches comme
une chaîne dont le premier anneau est à l'infini, c'est-
à-dire on ne sait où, et le premier moteur nulle part,
nous poserons de notre côté ce dilemme : ou vous êtes
une cause libre, et alors votre système s'écroule, ou vous
n'êtes qu'une pièce quelconque dans une machine immense mue par le hasard, et alors je n'ai rien à vous
dire, et vous rien à me répondre : les ressorts d'une
montre ne discutent pas entre eux. Mais non ; vous

CH. LÉVÊQUE.   4

écrivez aussi bien pour moi que pour d'autres; vous
m'estimez donc capable de modifier mes pensées d'après
les vôtres; je vous réponds, et vous vous croyez capable de résister à mes arguments. Nous sommes donc
des êtres libres, et ainsi vous-même, vous en con-
venez.

De ce grand fait de notre liberté, dont nul homme,
quoi qu'il dise, n'a jamais dépouillé la conscience,
M. Destrem conclut que la prescience divine n'existe
pas, du moins par rapport à nos actions libres, parce
que cet attribut de l'intelligence infinie rendrait nos
actes prédéterminés et par conséquent nécessaires. Il
lui répugne d'ailleurs de concevoir Dieu «comme un
sorcier immense» devinant l'avenir. Toutefois, comme
il croit aux perfections divines et que sa raison ne consent pas à les atténuer, il se persuade que Dieu, afin de
nous laisser libres, limite lui-même son intelligence, et
reste à l'égard de nos actes dans l'état d'*imprescience
volontaire*. Le mot est neuf, comme l'idée. On sera
frappé de cette théorie originale qu'un esprit médiocre
n'eût pas inventée. Quelle en est toutefois la valeur?
Il eût été désirable que celui qui la propose l'eût approfondie dans tous les sens et eût discuté lui-même les
objections qu'elle soulève. Sa conception hardie ne
peut-elle pas provoquer de justes critiques? La plus
grave et la seule qu'on veuille indiquer ici, c'est que
l'idée de l'imprescience volontaire déplace la difficulté,
mais ne la résout pas. En effet, si Dieu ne prévoit plus
nos actes, ces actes cessent, — je ne dis pas d'être dé-
terminés, car nul ne sait si la prescience les rend
tels, — mais de paraître nécessaires. Ainsi, dans l'hypothèse proposée, l'apparence de la fatalité est écartée,
et c'est toujours cela de gagné. Toutefois, ce pas franchi,

un problème ou plutôt un mystère arrête la pensée : comment l'infini, quand il se limite, demeure-t-il infini ? Comment la perfection, qui se rend imparfaite, demeure-t-elle perfection ? On répondra peut-être que l'intelligence infinie qui s'impose l'imprescience reste aussi bien infinie que la puissance sans bornes qui crée des causes secondes et des puissances finies, et semble s'ôter la puissance qu'elle donne ; mais cette réponse n'en est point une, puisqu'elle reproduit la difficulté sous une autre forme. Mystère pour mystère, je m'en tiens au premier, à celui qui me voile la nature de la prescience divine. La liberté en est-elle moins évidente ? Nullement. « Rien ne démontre, a dit profondément M. Jouffroy dans son *Cours de droit naturel*, rien ne démontre que la prévision divine procède comme la nôtre, et comme ce ne serait qu'autant qu'il en serait ainsi qu'il y aurait contradiction entre le fait de liberté et la prévision divine, il reste vrai et démontré que nul n'a le droit d'affirmer que cette contradiction existe, et que par conséquent la raison humaine soit tenue de choisir entre l'une et l'autre. » Au fond, cette objection célèbre n'en pas une. Il n'est donc pas nécessaire, pour la résoudre, d'imaginer des limites à l'infinie intelligence, ces limites fussent-elles l'œuvre de Dieu lui-même. Ainsi rien n'oblige à invoquer l'hypothèse de M. Destrem et à augmenter le nombre des mystères. Cette hardie tentative n'aura pourtant pas été complétement infructueuse ; elle aura montré une fois de plus que lorsqu'un esprit ferme a cherché la liberté là où elle est, l'a regardée avec les yeux qui la voient, il y croit désormais avec une telle certitude que, plutôt que d'en douter, il aime mieux modifier les conséquences trop timides ou trop hardies qu'il avait tirées jusque-là des idées, d'ailleurs certaines, de sa raison sur la Divinité et la Providence.

Ainsi les récentes doctrines, qu'elles soient contraires ou favorables au spiritualisme, n'ont pas entamé et ont, en plusieurs points, confirmé les résultats antérieurement admis sur la vie sensible et sur la vie active de l'esprit. Il serait trop long de rechercher ici ce que ces mêmes théories enseignent touchant notre vie rationnelle. Pour cette fois, nous ne poserons plus qu'une question aux nouveaux psychologues et aux nouveaux critiques de la psychologie : que pensent-ils de la nature même de l'esprit, c'est-à-dire de son essence matérielle ou immatérielle?

III

Le principe qui pense, veut, aime, hait, souffre et jouit en nous est-il simple, indivisible, immatériel ? Suivant qu'on répond oui ou non à cette question, on est spiritualiste ou matérialiste. C'est en vain que l'on reconnaît des faits invisibles et la possibilité de les observer et de les classer : si l'on rapporte ces faits à un sujet matériel et composé, par cela seul on n'est plus spiritualiste. Le oui ou le non est ici de la plus grande importance, car si le principe pensant est matériel, composé, divisible, ou, ce qui revient au même, s'il n'y a pas d'âme, la liberté, le devoir et Dieu deviennent autant de non-sens. Laissons toutefois de côté (bien qu'à regret) les conséquences psychologiques, morales et religieuses du matérialisme, quelque immense et déplorable qu'en soit la gravité. Ne regardons, pour le moment, qu'à la vérité des choses et à leur fausseté. Est-il vrai que la pensée soit une propriété de la matière ? Est-il seulement concevable qu'un sujet divisible et multiple puisse penser ? Puisque des points dont on avait chèrement conquis la certitude, et qui semblaient désormais établis, sont de nouveau remis en discussion, il faut bien, pour en maintenir l'évidence, réfuter de nouveau les anciennes objections qui reparaissent. « Les vérités philosophiques, a dit avec une haute raison M. Barthélemy Saint-Hilaire, n'ont de valeur qu'autant qu'elles sont discutables ; elles ne s'imposent pas à notre raison comme les axiomes de la géométrie ; elles (1) ne peuvent sauver l'homme ou le perdre que parce qu'elles peuvent être toujours ou librement admises, ou librement rejetées. » Quand on a ainsi compris le caractère libéral de la philosophie, on accepte, sinon sans tristesse, au moins sans murmure, les combats incessants qu'elle impose à ceux qui la servent ; on voudrait alors non-seulement vaincre les adversaires des principes qu'on a longuement éprouvés et reconnus comme vrais, on voudrait encore, et surtout, convaincre les intelligences conciliantes que n'enchaîne aucun parti pris. Cette double entreprise est difficile et rarement couronnée de succès ; mais il est beau de la tenter à tout risque. D'ailleurs la vérité a des ailes, et quand on l'a dégagée de ses entraves, repoussée d'un côté, elle dirige ailleurs son vol, et trouve toujours où porter ses bienfaits et sa lumière.

Quelles sont donc les nouvelles entraves qui empêchent la vérité la plus essentielle du spiritualisme de poursuivre son chemin ? En a-t-on affaibli l'évidence, directement aperçue par le sens intime ? A-t-on prouvé par des arguments jusqu'à présent inconnus que la matière, plus ou moins subtile, plus ou moins coercible,

(1) mais enfin toujours divisible, pût accomplir des actes dont l'absolue simplicité ne saurait être même contestée ? Ni l'un ni l'autre. On est seulement retombé dans cette ancienne erreur qui consiste à chercher au dehors ce qui est au dedans. Ainsi les uns ont abouti à dire ou à sous-entendre qu'il n'y a pas d'âme, et les autres à soutenir qu'on ne peut savoir s'il y en a une. D'autres enfin, sans sortir du for même de l'âme, ont appliqué au problème de son essence non l'observation immédiate, qui seule donne le vrai résultat, mais un procédé logique de définition qui ne pouvait rien produire. Et de là cette conclusion de M. Edmond Scherer : « l'homme n'est ni un corps, ni un esprit, ni la réunion d'un corps et d'un esprit. On ne peut le définir, car on définit par le genre et par la différence, — ni l'expliquer, car on explique en ramenant le fait particulier à un fait plus général, et l'homme, étant le terme le plus élevé de la série la plus haute, ne peut être ramené à un groupe supérieur. » — Répondons à M. Scherer ; ce sera répondre en même temps à tous les adversaires, déclarés ou non, de la spiritualité de l'âme.

Et d'abord, quelle que soit la série à laquelle appartient un être, s'il peut être connu, il peut par là même être défini. Un être fût-il seul de son genre, dès qu'on le connaîtra, on connaîtra son genre, et on sera ainsi en mesure de le définir par son caractère générique. La question se ramène donc à savoir si l'homme est au nombre des êtres qu'il nous est permis de connaître. M. Scherer en convient, puisqu'il avoue que la science a le pouvoir de décrire l'homme ; il en convient plus explicitement encore lorsqu'il écrit que l'âme, c'est précisément la conscience, et que « qui dit conscience dit une conscience qui a conscience d'elle-même. » A

(1) Elle est indéfiniment divisible. Or comment ces points matériels se réuniront-ils en une unité consciente puis ils sont divisés moins ils peuvent se connaître.

cela près qu'une faculté n'est pas un sujet et qu'il n'y a qu'un sujet conscient qui se sente et se connaisse, M. Scherer parle comme les spiritualistes ; mais, puisque l'âme a conscience d'elle-même, en d'autres termes, puisqu'elle se connaît, elle ne peut se connaître que telle qu'elle est. Or premièrement, quand elle s'aperçoit elle-même, non-seulement elle s'aperçoit, mais elle sait qu'elle est un être, un sujet, quelqu'un qui pense, ou, comme dit Descartes, une chose qui pense. Personne n'a donc encore prouvé la fausseté de l'équation psychologique posée par Descartes : « Je pense, donc je suis, » laquelle signifie : je pense équivaut à je suis pensant. L'âme, qui a conscience d'elle-même a donc conscience d'un sujet. De plus ce sujet possède la faculté de se connaître. C'est par conséquent à lui de nous apprendre ce qu'il est, et si ses facultés sont ou non des propriétés de la matière. Consultée sur ce point, l'âme répond qu'elle se voit d'autant mieux qu'elle se sert moins de ses cinq sens, qu'elle ne découvre en elle-même rien qui ressemble à une des propriétés de la matière, qu'elle se sent la même hier qu'avant-hier, qu'à tous les temps de sa vie, qu'enfin elle est tellement une qu'elle constate continuellement sa propre unité substantielle au milieu de la variété infinie de ses sentiments et de ses actes. Voilà le fait, voilà l'évidence reconnue par le langage spontané du premier venu aussi bien que par les écrits de toute une suite d'hommes de grande intelligence qui se nomment Platon, Plotin, saint Augustin, Descartes, Maine de Biran, M. Cousin, M. Jouffroy. Cette évidence, il faudrait d'abord la détruire ; il faudrait convaincre l'âme qu'elle s'abuse quand elle y croit. L'en a-t-on convaincue? Jamais. Loin de là ; voici que l'on fait au spiritualisme une concession dont il s'empressera de prendre acte. « La conscience, dit-on, qui est un sentiment, n'est pas affaire de vue ou de toucher, mais de perception interne, et dès lors il n'est pas étonnant que la conscience ait conscience de soi, comme de quelque chose qui diffère du corps. » Que signifient ces mots : une conscience qui a conscience de soi ? Jamais nous ne comprendrons que la conscience existe en l'air, à titre d'entité scolastique. Notre adversaire sait trop ce qu'il dit, au surplus, pour avoir voulu donner à entendre qu'une pure abstraction soit douée de conscience, de sentiment, de vie en un mot. M. Scherer croit donc que la conscience, c'est un être vivant, qui se sent lui-même ; mais si cet être, vivant et réel, se sent différent du corps et l'affirme, cet être est nécessairement autre chose que le corps. Eh bien ! chose étrange, on tire de là une conclusion que rien n'a fait attendre et qui a lieu d'étonner. Cette conclusion, c'est que, si la conscience se sent différente du corps, il ne s'ensuit rien et qu'il reste à savoir si cette perception interne n'est pas, ne peut pas être une propriété du corps ! Encore un coup, ou ces expressions de perception interne et de conscience n'ont aucun sens, ou elles expriment une faculté d'un certain être, et dans ce dernier cas la conclusion précédente se ramène aux termes singuliers que voici : l'être qui a conscience se sent différent du corps ; néanmoins il pourrait bien être le corps dont il diffère. — On ne s'en tient pas là ; on pousse jusqu'au bout, et l'on écrit enfin ceci : « Dans certaines conditions, la matière produit la lumière, la chaleur ; dans d'autres conditions, elle vit ;... dans d'autres conditions, à un degré supérieur, elle se manifeste comme pensée, elle acquiert la conscience, elle arrive à la vie spirituelle. » — D'où il résulte expressément cette fois que la matière consciente, qui se sent différente du corps, est identique avec le corps lui-même. Y aurait-il injustice ou seulement excès de sévérité à signaler dans cette théorie la plus flagrante des contradictions ?

Non. Le principe pensant se sait immatériel : il l'est donc. Puisque c'est là une question de fait, elle est résolue directement par l'expérience. Le raisonnement n'a pas à intervenir. « L'induction n'a que faire, dit M. Jouffroy, là où l'observation s'applique immédiatement. » Pendant un temps, la science psychologique a cru et enseigné que nous ne connaissons de l'âme que ses facultés, et point sa nature. Reid, le trop sage Reid, disait que nous avons une idée nette des attributs de l'esprit, et particulièrement de ses opérations, mais que nous n'avons de l'esprit lui-même qu'une notion obscure. M. Cousin a fortement démontré ce qu'ont d'excessif et d'inférieur aux attestations du simple sens commun ces timidités de l'école écossaise. M. Jouffroy n'a voulu partager ces timidités que provisoirement dans la *préface* que nous avons citée, et plus tard, mûri par le temps et enhardi par les progrès de sa pensée, il a proclamé que la conscience nous donne à la fois nos actes, nos facultés et l'âme, sujet de nos facultés et cause de nos actes. Tous les disciples des deux maîtres les imitent aujourd'hui. Comme eux, ils tiennent pour évidente la spiritualité de l'âme ; ils ne la démontrent plus. Et ainsi font les nouveaux psychologues dont nous avons plus haut examiné certaines théories ; ils parlent de l'immatérialité de l'âme comme d'un fait indiscutable et incontestable. Est-donc donc à dire que l'école spiritualiste impose cette vérité à titre de dogme ? On le dit, (1) mais on se trompe. Le psychologue ne prouve plus l'âme

(1) *On voit un exemple de la faiblesse du rationalisme.*

et son individualité par voie de déduction, mais il prend
soin d'en exciter le sentiment chez les autres, en décri-
vant avec une minutieuse exactitude les phénomènes
sous lesquels l'âme indivisible apparaît aussi clairement
que les cailloux sous les eaux d'un ruisseau limpide.
Quand ce sentiment a acquis toute sa force, il engendre
une certitude sur laquelle ni les raisonnements ni les
objections ne sauraient plus avoir aucune prise. Quoi
qu'en pense M. Scherer, M. le duc de Broglie a eu raison de dire dans son beau travail sur l'*Existence de
l'âme* (1), que le cerveau est ici-bas la condition de
l'exercice de la pensée, et que toutefois le sujet de la
pensée n'est pas identique avec la substance du cerveau.
Pourquoi ? Parce que la conscience ne permet d'aucune
façon que le cerveau, qui est matière, soit confondu
avec un principe indivisible. Mais il y a plus, et nous
prions que l'on veuille bien noter la réflexion suivante.
Supposez que la physiologie, la chimie, ou telle autre
science que ce soit, réussisse à prouver, comme on
prouve un théorème de géométrie, que chez le lion, par
exemple, dont la nature intime ne m'est pas directement
observable, c'est le cerveau qui aime, qui se souvient,
qui connaît. Supposez davantage, par exemple, qu'il
soit avéré qu'au-dessous de moi il existe des intelligences
plus qu'humaines, et qui néanmoins ne pensent que
par le cerveau. Certes une telle hypothèse est large, et
pourtant, si large qu'elle soit, et fût-elle élevée à la
hauteur d'une vérité, il n'en résulterait absolument rien
contre la spiritualité de mon âme, par cette raison, aussi
invincible que simple, que la spiritualité de l'âme est

(1) Voyez, sur M. le duc de Broglie, une étude de M. Léonce de
Lavergne dans la *Revue des deux mondes* du 15 novembre 1863.

un fait attesté par la conscience, et que nulle certitude
au monde ne peut, je ne dis pas ébranler, mais seulement balancer celle-là.

Bien loin d'être démontrée cependant, l'hypothèse
d'une matière organisée pensante est inconcevable. Il y
a vingt-deux siècles, un génie dont le défaut n'est pas
d'exagérer le spiritualisme, l'auteur du *Traité de l'Ame*,
le naturaliste Aristote, essaya de comprendre cette
hypothèse et n'y put réussir. « Si l'intelligence a des
parties, disait-il, et si elles ont de la grandeur, l'intelligence pensera une même chose fort souvent, ou plutôt
un nombre infini de fois au même instant. » Il y a vingt-
six ans, M. Jouffroy écartait la même supposition par
une raison toute pareille. « La simplicité d'une cause,
écrivait le pénétrant psychologue, n'a nullement besoin
d'être démontrée, parce que pour nous l'idée de cause
exclut l'idée de composition et implique celle de simplicité. Si vous essayez en effet de concevoir des parties
dans une cause, ou vous ne prêtez l'énergie productive
qu'à l'une de ces parties, et alors celle-là est à elle
seule la cause aux yeux de notre raison, ou vous l'attri-
buez à toutes, et alors il y a pour elle autant de causes
distinctes que de parties : dans les deux cas, la simplicité
reste l'attribut inhérent, nécessaire, inséparable de la
causalité. » Si l'incompatibilité de la matière et de la
pensée, et aussi celle de la matière et de la cause, sont
encore aujourd'hui une question, comme l'affirme
M. Scherer, d'où vient que cet habile critique n'a ni
combattu ni même mentionné les arguments que nous
venons de transcrire, et qui tranchent la difficulté? Qui
croira qu'il les ait ignorés? Et, les connaissant, comment les a-t-il oubliés ou omis? Quoi qu'il en soit, à la
certitude d'un fait évident, au témoignage du sens

intime toujours entendu par qui l'écoute, qu'appose-t-il?
Une hypothèse qui a le double malheur d'être contredite par les faits et de résister à tous les efforts que la
raison a tentés jusqu'ici pour la comprendre.

Ce qui est incompréhensible n'explique rien, car
qu'est-ce donc qu'expliquer, si ce n'est éclaircir ce qui
est obscur au moyen de ce qui est lumineux? Téné-
breuse, contradictoire, inintelligible, l'hypothèse matérialiste laisse ou plutôt jette dans l'ombre, bien
plus, dans le néant, toutes les réalités que perçoit la
conscience et que conçoit la raison. Impuissante à
donner au philosophe le secret de sa propre nature, elle
peut bien moins encore lui apprendre quelque chose de
la nature des êtres qui ne sont ni lui ni son semblable,
et qu'il ne concevra jamais qu'à l'image de lui-même,
tantôt diminuée, tantôt agrandie jusqu'à l'infini. Aussi
qu'arrive-t-il aujourd'hui? Les hommes éminents, qui
traitent leur sens intime et leur raison comme de faux
témoins, et qui leur imposent silence, ne trouvant plus
ni en eux-mêmes ni au dehors aucune voix qui leur parle
de la cause, de la substance, de Dieu, prennent le parti
de reléguer ces objets de la pensée parmi les chimères
et les illusions. Et voilà toute métaphysique niée! Mais
attendez : nul n'a le pouvoir magique d'anéantir d'un
trait de plume la moitié, pour le moins, de ce qui est.
L'instinct métaphysique, pendant quelque temps com-
primé, se redresse un jour et prend sa revanche. La
métaphysique, moquée et chassée par les uns, supprimée
par les autres, revient à l'improviste : elle envahit de
tous côtés les systèmes qui avaient prétendu s'en passer.
Tel dit en haut d'une certaine page que l'homme n'est
ni corps ni esprit, ni la réunion d'un corps et d'un
esprit, et six lignes plus loin il écrit que la matière veut

et agit, et qu'elle se manifeste comme pensée. N'est-ce pas rétablir en d'autres termes le corps que l'on a nié tout à l'heure, et en faire le sujet métaphysique et aussi la cause de la volonté, de l'action et de la pensée? Seulement cette métaphysique manque du seul appui qui puisse la fonder, l'expérience, car l'expérience affirme que l'esprit est indivisible, et que la pensée est autre chose qu'une manifestation supérieure de la matière.

Ces inconséquences, ces contradictions, auxquelles sont exposées les intelligences les plus sérieuses et les plus sincères quand elles dédaignent les procédés de l'analyse psychologique, ou qu'elles refusent d'épuiser l'énergie de ces procédés, seraient, à elles seules, un grave motif de cultiver avec une ardeur croissante la science de l'esprit. La solidité des principaux résultats auxquels cette science est parvenue en est une raison bien plus grave encore. Nous croyons avoir montré, en comparant les écrits et les arguments des écoles rivales, que les assises fondamentales de la science psychologique, qui sont la base de la philosophie elle-même, demeurent, même après des attaques redoublées, debout et intactes. Bien d'autres vérités, élevées sur celles-là, n'ont pas été non plus entamées. Ce n'est pas tout : les adversaires du spiritualisme admettent de leur plein gré ou sont entraînés à admettre en dépit d'eux-mêmes les faits de la vie interne et la méthode par laquelle ces faits sont connus et classés. Enfin, et un tel symptôme est à noter, très-peu d'hommes, même parmi les plus décidés, accepteraient la qualification de matérialistes. Ils repoussent le mot, ils se défendent de la chose. Encore moins voudraient-ils souscrire aux conséquences fatalistes de leurs idées, renier la liberté, et, s'abais-

sant au niveau des agents physiques, courber le front
sous le joug de la force brutale. Le siècle est, en ce
point, aussi peu logique, aussi peu d'accord avec lui-
même que les savants. Sa conduite, ses mœurs, sa mol-
lesse, son goût de l'argent et du luxe, sont matérialistes;
ses discours n'osent guère l'être. Il faut descendre jusqu'aux derniers degrés l'échelle de l'ignorance pour
rencontrer fréquemment l'athéisme effronté ou le matérialisme franc et cynique. D'où vient cette contradiction? De la mode, de l'habitude, du préjugé? Non. La
source en est, ce semble, plus profonde. Outre l'éducation religieuse, cinquante ans d'efforts philosophiques
ont développé dans notre pays le sentiment de l'âme,
de sa dignité, de ses devoirs et la notion de sa divine
origine. Les mêmes moyens qui ont commencé cette
œuvre scientifique et qui en ont déjà fait le succès
peuvent en assurer l'avenir. Parmi ces moyens, efficaces
à diverses titres, le plus efficace est la méditation puissante, intense, infatigable, sur les grands objets de la
pensée. Qu'on y songe, il y a eu, depuis Périclès jusqu'à
(1) nos jours, deux grandes révolutions philosophiques.
Qui les a faites? Des matérialistes? des positivistes? des
critiques? Non; deux méditatifs spiritualistes, partis
l'un et l'autre de l'observation psychologique : Socrate
et Descartes. Certes, ce n'était là ni des misanthropes,
ni des ermites. Ils vivaient parmi leurs contemporains,
et Socrate surtout se mêla constamment aux hommes et
aux événements de son siècle. Ce n'en furent pas moins
deux grands solitaires par l'énergie concentrée de la
réflexion et la puissance extraordinaire de se recueillir.
Socrate, se promenant avec ses disciples dans les rues
d'Athènes, s'arrêtait souvent tout à coup, fermait les
yeux et restait de longues heures debout, sans rien

(1) Il y a eu une autre révolution entre deux, bien
autrement importante, même sous le rapport phi.

entendre des bruits extérieurs, occupé à contempler les
spectacles de l'âme et à monter de l'âme à Dieu. Platon
raconte, dans le *Banquet*, que son maître resta à Potidée
un jour et une nuit immobile devant le camp des Grecs,
absorbé dans une recherche tout intérieure. On sait que
pour préparer et enfanter sa philosophie, fondée sur
l'observation de l'âme par elle-même, Descartes, après
avoir employé une partie de sa jeunesse à voyager, à
suivre les cours et les armées, s'imposa une solitude et
comme une réclusion de neuf années. La pensée, ainsi
couvée sous les regards ardents et opiniâtres du sens
intime, acquiert plus tard, quand elle éclate, une
double et incomparable vertu de rayonnement et d'impulsion. Elle chasse l'erreur devant elle, non comme
un coup de vent balaye les nuages, mais comme le soleil
dissipe les ténèbres de la nuit. Ce sont aussi d'illustres
méditatifs qui ont fait revivre chez nous l'influence
libérale du spiritualisme. L'investigation psychologique
et rationnelle qu'ils ont pratiquée a produit des fruits
qu'il est possible à de plus humbles de produire encore,
quoique moins beaux et moins abondants. Voilà pourquoi il serait imprudent de toucher sans de graves raisons à cette méthode expérimentale, qui a le don de
rendre en quelque sorte visible l'âme immatérielle, de
la mettre toute vivante sous les yeux du lecteur ou du
disciple, ravi de se rencontrer et de se reconnaître dans
cette âme pareille à la sienne, et qui rend vaines, par un
argument de fait, c'est-à-dire par l'évidence même,
toutes les négations du matérialisme. C'est aussi pourquoi on a insisté dans cette étude sur l'excellence des
procédés de la science de l'esprit, sur l'infériorité des
méthodes nouvelles que l'on propose, et sur les dangers
que présentent celles-ci. La méthode expérimentale a

fait ses preuves : il ne s'agit que de l'appliquer plus assidûment que jamais. Sagement combinée avec la méthode historique, qui la complète, et avec l'intuition rationnelle, qui ajoute l'absolu au relatif; secondée, mais non point supplantée par l'observation physiologique et par l'étude des sciences naturelles, cette méthode de réflexion conservera au génie philosophique de notre pays son caractère propre, qui est la mesure, et son rôle, qui est de concilier d'abord, pour les surpasser ensuite, l'empirisme anglais et l'idéalisme germanique. Au reste, soit en y revenant eux-mêmes après s'en être écartés, soit en y restant fidèles, les nouveaux psychologues ont proclamé encore une fois la certitude et la légitimité de ce puissant instrument scientifique (1).

(1) Cette *Étude* a été insérée dans la *Revue des deux mondes*, numéro du 15 octobre 1864.

DEUXIÈME PARTIE
ÉTUDES DE THÉODICÉE

PREMIÈRE ÉTUDE
DE LA MÉTHODE NÉGATIVE EN THÉODICÉE (1)

PROCLUS ET SON DIEU

Tous ceux qui sont allés à Rome ont contemplé dans l'original même et ceux qui n'ont pas visité le Vatican ont admiré dans des copies peintes ou gravées le magnifique tableau où Raphaël a représenté l'*École d'Athènes*. Là, le Sanzio a peint, groupé, fait revivre, chacun avec son caractère — presque avec son visage, tantôt retrouvé dans les monuments antiques, tantôt deviné par un puissant instinct — les maîtres de la pensée grecque, Socrate, Platon, Aristote, et autour d'eux ceux qui les avaient préparés, et ceux qui plus ou moins fidèlement les suivirent. Si l'artiste avait voulu être complet, et si son art n'eût pas eu de limites, il aurait placé au bas de son tableau, sur les derniers degrés du temple, deux groupes encore. Le premier nous eût montré le chef des néoplaticiens, l'enthousiaste Plotin, plongé dans les ravissements de l'extase, entre Ænésidème et les mages indiens, c'est-à-dire entre le scepti-

(1) *tte methode* onsiste à va ... via 'o chaîne entière
de *êtres finis*, et à de... ro qu'ils ne renferment pas en
eux-mêmes la cause ou la raison de leur existence. D'où il

[note marginale manuscrite] La methode negative ... doit il agit ... ett celle de Proclus et de l'Hegel qui part en ... de l'étre fin ou indéterminé cette b ... et faus..., et ne conduit à rien.

cisme, qui dégoûte les âmes de la raison, et le mysticisme, qui attire, pour l'annihiler, la raison lasse d'elle-
même. Plus bas encore, le second groupe eût réuni les
philosophes de la dernière école d'Athènes. Entre eux
et Plotin, on eût vu le Syrien Jamblique évoquant par sa
puissance théurgique deux génies, Éros et Antéros,
devenus visibles à son ordre, et nouant autour de son
cou leurs bras charmants. Près de Jamblique, Proclus,
adonné comme lui aux mystères de la théurgie, eût
tenu d'une main les oracles de la Chaldée et le *Parménide* de Platon, de l'autre la sphère magique dont il
se servait à Athènes pour conjurer les chaleurs brûlan-
tes et ramener les pluies. Enfin, après Proclus, après
Marinus, son biographe, après leurs successeurs, on eût
vu Damascius, ne sachant plus, à force de mysticisme, si
l'on peut connaître Dieu, ou si la connaissance du
premier Être est impossible, et faisant, par un retour
fatal, aboutir l'extase à une sorte de scepticisme
inconscient. Ainsi l'imposante fresque eût offert aux
regards du spectateur la vie tout entière de l'intelligence
grecque, depuis le temps de sa pleine et florissante
maturité jusqu'à l'heure où, épuisée par de suprêmes
efforts, elle s'éteignit enfin, non sans avoir mêlé, avant
de disparaître, quelques brillants rayons aux clartés
que le christianisme naissant jetait sur le monde. Néanmoins, dans cette œuvre plus vaste que nous rêvons,
Raphaël, se fût-il surpassé lui-même, ne nous aurait
appris ni comment les philosophies germent et se déve-
loppent, ni comment elles finissent.

Les causes de la grandeur et de la décadence des
écoles philosophiques, c'est à la philosophie elle-même
de les découvrir en étudiant sa propre histoire, qui
n'est que la conscience humaine manifestée sous tous

ses aspects dans les écrits des penseurs de génie. C'est
à la philosophie de considérer, en parcourant les annales
de son passé, le jeu des méthodes diverses, d'en juger,
d'après les fruits qu'elles ont portés, la puissance ou
l'infirmité, et d'acquérir cette expérience dont nul, pas
même le génie, ne s'est jamais impunément dispensé.
Si le XIXᵉ siècle, qui s'appelle le siècle de l'histoire et
de la critique, lit, comprend, discute aujourd'hui en
France les systèmes les plus profonds et les plus
obscurs comme les plus clairs et les plus accessibles,
s'il s'en inspire à propos sans en subir aveuglément
l'influence, on sait quelle impulsion, quels exemples et
quels travaux l'en ont rendu capable. Parmi ces travaux, le premier et le plus rude fut cette édition des
œuvres inédites de Proclus d'où sont sortis tant de
savants ouvrages sur la philosophie néo-platonicienne (1).
C'était un des grands anneaux de la chaîne immense
que M. Cousin devait plus tard réformer tout entière,
soit par ses propres efforts, soit par ceux de ses élèves.
La première édition étant épuisée, il en donne une
nouvelle avec un luxe et une richesse dont ses ressources personnelles auront seules fait les frais. On
nous saura gré de reproduire ici quelques extraits de
son *avertissement*, où il raconte lui-même l'histoire de
ces deux entreprises, qui répondent l'une à sa jeunesse,
l'autre à son âge actuel, et que sépare (qui s'en doute-
rait?) un intervalle de quarante-six années. «Pour nous
juger équitablement, dit-il, il faudrait se rappeler à
quel point la philosophie ancienne était alors (en 1818)
négligée en France. Seul, sans conseils ni secours, au

---

(1) Ceux de MM. Jules Simon, Ravaisson, Barthélemy Saint-Hilaire,
Berger, Bouillet. Voyez aussi, dans la *Revue des deux mondes* du
1ᵉʳ septembre 1844, une étude de M. E. Saisset.

milieu de l'indifférence du public, et malgré la désapprobation de la plupart de nos amis, qui nous voyaient
à regret ensevelis dans de si obscurs et si pénibles travaux, à travers toutes les contrariétés, la disgrâce, la
persécution, la maladie, nous avons mené à fin cette
laborieuse entreprise avec la constance que donne une
ferme conviction, et les yeux attachés sur le but que
nul autre que nous n'apercevait encore. Quelques
années à peine écoulées, nos efforts, d'abord si froide-
ment accueillis, ont porté leurs fruits et profité à la
philosophie. M. de Gérando, dans la seconde et esti-
mable édition de son *Histoire comparée des systèmes de
philosophie*, a tiré des écrits par nous publiés de nombreux extraits qui ont éclairé la doctrine des alexandrins
et de Proclus. Il appartenait au plus grand métaphysicien français de notre siècle de retrouver dans le vieil
alexandrin les plus importantes vérités de la psycho-
gie. M. de Biran avait commencé sur les traités *de la
Liberté, de la Providence* et *du Mal*, des études qui
attestent à la fois sa profonde sagacité et le point élevé
où lui-même était parvenu. Depuis 1820, l'école d'A-
lexandrie et Proclus sont devenus parmi nous le sujet
de travaux considérables... Comment s'étonner que
nous éprouvions quelque faiblesse pour un ouvrage qui,
malgré tous ses défauts, a le mérite d'avoir ouvert une
carrière où d'autres depuis ont été plus loin que nous?
Quand donc nous l'avons vu épuisé et menacé de disparaître, nous n'avons pu nous résigner à laisser périr
avec lui le souvenir de tant de veilles qui n'étaient pas
restées infructueuses. De là l'idée de cette nouvelle
édition de Proclus. »

Le nouveau et unique volume consacré aux œuvres inédites de Proclus est de beaucoup supérieur à tous égards

aux six tomes de la première édition, dont il reproduit
la matière, augmentée de la vie de Proclus par Marinus,
de nombreux arguments en latin, les uns empruntés à
Fabricius, les autres écrits par M. Cousin lui-même,
de notes, de citations empruntées à d'autres ouvrages
de Proclus, enfin des hymnes de ce philosophe, déjà
connus, il est vrai, mais dont le texte est ici reconstitué
à nouveau d'après des manuscrits précédemment inex-
plorés. M. Cousin a donné à la partie philologique du
livre les soins les plus attentifs (1). On retrouve enfin
au début de ce volume, et enrichie d'intéressants détails,
la forte leçon où l'auteur de l'*Histoire générale de la Philosophie* a porté sur l'essence même des doctrines néo-
platoniciennes un jugement profond et décisif. Ceux qui
se sont fait une règle de puiser avant tout dans l'original la connaissance des systèmes accueilleront cette
publication avec une joie reconnaissante. Il y a plus :
si, cédant à l'attrait extraordinaire que les spéculations
des alexandrins exercent sur les esprits philosophiques,
ils se laissent aller à relire Proclus, ils s'apercevront bien

(1) Un exemple suffira. Le texte grec des trois traités sur *la Providence*, *la liberté* et *le mal* est perdu ; mais ces traités subsistent dans
une traduction latine à demi barbare de la main du dominicain Guillaume de Morbeka, ami de saint Thomas, pénitencier des papes Clé-
ment IV et Grégoire IX. Fabricius avait publié le premier traité d'après
un manuscrit de la bibliothèque de Hambourg. Un Français, M. de Buri-
gny, fit transcrire les trois traités d'après le même manuscrit et en
donna la copie à la Bibliothèque royale de Paris. En 1820, M. Cousin,
ayant étudié cette copie et n'en étant pas satisfait, partit pour l'Italie
et trouva deux manuscrits des trois traités de Proclus à l'Ambrosienne
de Milan. Il les compara avec le manuscrit de Hambourg, corrigea une
foule de mots altérés par les copistes et put même ajouter deux pages
entières à la copie de Paris. Le mot à mot latin est éclairci dans la
nouvelle édition par des textes grecs empruntés à Proclus et à Plotin.
On verra dans le volume même de M. Cousin qu'il a fait de semblables
travaux pour le *Commentaire sur le Premier Alcibiade* et pour les
hymnes de Proclus.

vite que les vérités et les erreurs qui tantôt se mêlent et tantôt s'entre-choquent dans ces vieux commentaires, sont précisément les mêmes que les vérités et les erreurs dont le conflit est aujourd'hui flagrant. Autour de nous, des penseurs se demandent sérieusement, sincèrement, comme Proclus, et en termes presque semblables, non pas si Dieu existe, mais comment il existe, et si lui attribuer certaines perfections, même les plus sublines, ce n'est pas porter atteinte à son essence ineffable. Comme du temps de Plotin et de Proclus, déterminer l'infini paraît en ce moment non-seulement difficile, ce qui serait incontestable, mais scientifiquement impossible. La publication de M. Cousin a donc cela d'opportun qu'elle met sous les yeux du lecteur un ensemble de hautes et redoutables questions redevenues actuelles. Aussi, même après tant de beaux travaux que nous ne prétendons ni refaire ni égaler, mais qui sont antérieurs de quinze années à nos graves préoccupations de l'heure présente, nous croyons qu'il est à propos d'examiner encore quel est le dieu de Proclus, et si c'est un dieu ; puis quelle est la valeur de la méthode qui a produit sa théodicée, et si cette méthode à la fois ambitieuse et stérile ne doit pas être résolûment écartée par la science moderne. Avant de traiter ces deux points, nous étudierons brièvement dans Proclus l'homme, le païen dévot et faiseur de prodiges, enfin le poëte. Sa vie, ses superstitions, ses hymnes, éclaireront d'avance sa doctrine et en prépareront l'intelligence.

I

« Pourquoi en effet, a dit M. de Rémusat (1), l'his-

(1) *Bacon, sa vie, son temps, etc.*, préface, p. III.

toire de la philosophie se réduirait-elle à l'exposition des systèmes philosophiques ? L'histoire politique ne se borne pas à exposer les systèmes politiques des différents États. Une histoire de la philosophie pourrait être au moins une histoire des philosophes. » Or la biographie des philosophes a d'autant plus de prix et d'intérêt qu'il en jaillit plus de lumières pour l'explication du sens et de la destinée de leurs doctrines. Tel est précisément, selon nous, le mérite de l'*éloge* de Proclus par Marinus, son disciple, car c'est bien là un *éloge* dans toute l'acception bonne et mauvaise du mot. Les défauts mêmes de ce panégyrique servent à caractériser fortement l'état des esprits dans la dernière école de philophie païenne. Aux beaux temps de l'atticisme, les maîtres étaient vénérés, on tâchait de suivre leurs exemples, on développait leurs idées, on les pleurait après leur mort, on défendait leur mémoire ; mais on n'accablait de louanges hyperboliques ni leur personne ni leur souvenir. Xénophon racontait les entretiens de Socrate, Platon agrandissait les pensées et idéalisait l'image de son père intellectuel : Marinus ne s'en tient pas là ; il exalte Proclus ; bien plus, il le déifie. Dans la biographie comme dans les systèmes, l'antique inspiration est remplacée par le rêve, la poésie par le délire mystique, et la piété par le fanatisme et l'extase. Il serait oiseux de reproduire ici les faits de la vie de Proclus ; on les trouvera rapidement et suffisamment exposés dans les récentes histoires de l'école d'Alexandrie. Essayons seulement, en forme d'esquisse, un portrait du personnage où paraîtra la vivante expression d'abord de sa vocation et de ses tendances, puis de ses théories.

L'école d'Alexandrie et l'école néo-platonicienne d'Athènes furent doublement religieuses, par leur goût

pour les problèmes théologiques et par leur profond
attachement aux dogmes du paganisme. Avant de l'anéantir, le christianisme avait imprimé au vieux polythéisme
mourant une secousse qui, pendant quelque temps encore, l'électrisa et le ranima. Même après la vaine tentative de Julien, les philosophes païens crurent de bonne
foi que l'Olympe pourrait revivre, renouvelé et rajeuni
par l'adjonction de toutes les divinités de l'Orient. De là
une constante intervention des anciens dieux dans la
naissance, la vie, les démarches et les travaux des philosophes. Sans doute l'imagination grecque ne s'était
jamais abstenue d'entourer de merveilles le berceau et
le génie des plus illustres penseurs. Platon lui-même a
sa légende, où Apollon apparaît et joue à son égard le
rôle de père en s'unissant mystérieusement avec sa mère
Périctyone ; mais cette légende est courte et purement
poétique. Au contraire, celle de Proclus est donnée par
Marinus comme authentique, et elle est surchargée de
visions , d'apparitions , d'avertissements divins. Déta-
chons-en quelques traits remarquables. Proclus naît à
Byzance de parents originaires de Lycie, Patricius et
Marcella, simples mortels, quoique de race noble et
pleins de vertus ; mais c'est Minerve elle-même qui le
reçoit au sortir du sein maternel et qui fait pour lui
l'office de sage-femme, c'est Minerve qui a voulu qu'il
vît le jour à Byzance, parce que cette ville est chère à
la déesse, c'est elle qui protége ses premières années et
son adolescence. Elle lui apparaît en songe et l'invite à
cultiver la philosophie. Dès lors le jeune inspiré voue à
sa patronne un culte fervent ; il l'aime d'un amour qui
passe les limites mêmes de l'enthousiasme. Bientôt ses
parents l'emmènent à Xanthe, leur ville natale, dont Apollon était le dieu protecteur. C'est encore, dit Marinus,

(1)

une faveur divine qui accorda cette seconde patrie à
Proclus, afin que celui qui devait exceller dans toutes
les sciences fût élevé et instruit par le dieu qui conduit
les Muses. Un jour Proclus tombe dangereusement malade : on désespère de sa vie ; mais voilà qu'un homme
dans la fleur de la jeunesse et d'une parfaite beauté s'approche du lit, touche la tête du patient, le guérit et
disparaît. C'était Télesphore lui-même, l'un des dieux
du cortége d'Esculape. Minerve devait se rendre visible
à Proclus plusieurs fois encore, d'abord pour lui ordon-
ner d'aller étudier la philosophie à Athènes même, puis
pour le guérir d'un mal terrible ; mais de toutes ces visions la plus mémorable fut la suivante. Proclus était à
Athènes lorsque ces hommes (les chrétiens) qui n'hési-
taient pas, dit Marinus, à déplacer les monuments les
plus sacrés enlevèrent la Minerve d'or et d'ivoire qui
était l'honneur du Parthénon. La nuit d'après, une femme
d'une pure beauté se présente à Proclus et lui prescrit
de construire aussitôt un temple. « Il plaît, dit-elle, à
Minerve, ta souveraine, de demeurer chez toi désormais.»
C'est ainsi que le plus célèbre maître de la dernière
école païenne de philosophie vivait en commerce direct
et fréquent avec les dieux.

Au reste, si jamais homme fut digne d'entrer dès ce
monde en société avec les puissances supérieures, ce
fut Proclus. Quand on a réduit de moitié les proportions
extraordinaires que Marinus prête à son maître, il reste
encore une noble et grande figure, la figure d'un sage,
presque celle d'un saint. Le jour où la philosophie aura
rencontré son Plutarque, Proclus sera placé aux premiers rangs parmi les hommes qui ont su élever leur
âme et leur caractère à la hauteur de leur génie. En
passant par sa belle intelligence, les mythes païens se

dépouillent de leurs impuretés. Proclus est Grec, Grec
de Constantinople, né à la fin du Bas-Empire ; quoiqu'il
ait habité quelque temps Alexandrie, la plus grande
partie de son existence s'est écoulée dans cette Athènes
qui, savante encore, était plus corrompue que jamais. Il
était riche, il était beau, d'une beauté si pure et si
exquise que les peintres ne pouvaient saisir sa ressemblance, et que ses nombreux portraits, qui circulaient
dans la ville, étaient tous infiniment au-dessous du
modèle. Enfin sa constitution robuste et saine ne con-
nut la maladie que deux ou trois fois pendant une vie
de soixante-quinze années. Il demeura néanmoins tem-
pérant, sobre, dur envers son corps, livré à des travaux
prodigieux et capable de faire, à son école d'Athènes,
jusqu'à cinq leçons par jour. Plusieurs fois on lui offrit
de brillantes alliances : il ne se maria point ; mais ce ne
fut point par égoïsme ni pour échapper aux soucis de la
famille, selon le conseil d'Épicure, puisque, comme
Plotin, il se fit le guide, le tuteur même des enfants de
ses amis, et prit en main la gestion de leurs biens et de
(1) leurs intérêts. Une phrase de Marinus, une seule, laisse
douter que Proclus ait été invariablement chaste. Il
combattit du moins avec courage les ardeurs de son
tempérament. Dès sa jeunesse, il s'abstenait de manger
de la chair des animaux. Plutarque, fils de Nestorius,
et l'un de ses maîtres, l'ayant blâmé d'exténuer ses
forces par un tel régime, Proclus répondit simplement :
«Que mon corps aille ainsi jusqu'où je désire, et qu'en
suite, s'il veut, il périsse!» Assurément, l'Égyptien
Plotin, qui était honteux d'avoir un corps, qui ne parlait jamais de sa patrie ni de sa famille, qui ne permit
jamais qu'on fît son portrait ni son buste, parce que le
corps, cette vaine image où la nature nous a enfermés,

ne vaut pas la peine d'être regardé, Plotin fut mystique à un plus haut degré que le Byzantin Proclus; mais celui-ci le fut assez pour suivre, quelquefois même jusqu'à l'excès, ces admirables exemples de sévérité morale envers soi-même qui étaient aussi dans l'héritage de Socrate et de Platon. (ı)

On se tromperait, au surplus, si l'on croyait que les néo-platoniciens d'Alexandrie et d'Athènes soient allés, dans la pratique, jusqu'aux dernières conséquences de leur mysticisme. Le but de la vie humaine était à leurs yeux l'unification, l'identification complète avec l'unité absolue par cette extase stupéfiante où l'âme devait perdre jusqu'au sentiment de sa personnalité; mais nul n'arrivait à ce terme de la perfection et du bonheur qu'après avoir parcouru l'échelle ascendante des vertus inférieures, au nombre desquelles étaient les vertus politiques. Sans ambition, mais pleins d'amour pour la justice et jaloux de l'exercer sous toutes ses formes, nourris d'ailleurs des écrits politiques de Platon et d'Aristote, ces hommes de bien se mêlèrent aux affaires publiques autant que le leur permirent l'état du monde à cette époque et le respect de leur propre caractère. A ce sujet, Porphyre rapporte dans sa biographie de Plotin un fait intéressant et curieux. L'empereur Gallien et l'impéatrice Sabine avaient pour Plotin une considération particulière. Encouragé par leur bon vouloir, il les pria de faire rebâtir une ville de Campanie qui était ruinée, de la lui donner avec tout son territoire, et de permettre à ceux qui devaient l'habiter d'être régis par les lois de Platon. Son dessein était de nommer cette ville Platonopolis et d'y aller demeurer avec ses disciples. Il eût aisément obtenu ce qu'il demandait si quelques courtisans de l'empereur n'y eussent mis obstacle

soit par jalousie, soit par dépit, soit par quelque autre
mauvaise raison. Il est difficile de conjecturer quels fruits
eût portés cette entreprise, si Plotin avait pu en tenter les
chances. Toujours est-il certain que l'amour de la vie
politique et des libres institutions s'était conservé, en
dépit des temps, au fond de ces belles âmes. Deux
siècles après, Proclus montrait à Athènes des sentiments pareils. Il assistait à ce qu'il restait alors d'assem-
blées publiques, y exprimait d'excellents avis, traitait
des questions de droit avec les autorités de la ville, et
non-seulement il les exhortait, mais il les obligeait
même par l'ascendant de son autorité philosophique,
à rendre à chacun ce qui lui était dû. Si le récit de
Marinus est véridique, n'y a-t-il pas, dans les efforts généreux par lesquels ce mystique essaye d'améliorer une
société abaissée et corrompue, un spectacle aussi con-
solant qu'inattendu ?

Mais au delà des vertus politiques, les néo-platoniciens
en voyaient d'autres d'un ordre infiniment supérieur.
Plus haut que la pure contemplation de l'unité ineffable,
plus haut même que l'extase, à laquelle Plotin s'était
arrêté, ses successeurs, à l'exception pourtant de Porphyre, plaçaient les vertus théurgiques. Aux yeux de
Marinus, le mérite éminent de Proclus, son maître, ou
plutôt le comble de sa perfection fut de parvenir à l'exercice du pouvoir mystérieux de la théurgie. Qu'était-ce
donc que cette vertu singulière ? Le lecteur connaîtrait
mal Proclus, si nous ne lui parlions de cet élément important de la dernière théodicée païenne. Peu de mots
suffiront : on trouvera de plus amples détails chez les
historiens de l'école d'Alexandrie, et surtout dans les
pages remarquablement claires et complètes que M. F. Ravaisson a consacrées au néo-platonisme à la fin du tome

deuxième de son *Essai sur la métaphysique d'Aristote.*
La théurgie n'était point une momerie, encore moins
un artifice grossier au service des charlatans et des
fourbes; c'était, aux yeux de ceux qui la pratiquaient,
un procédé sérieux et profondément religieux. Elle consistait proprement à faire des dieux, c'est-à-dire à obtenir
par de certains rites que les dieux descendissent en réalité dans leurs images, et non-seulement dans leurs
images de bois et de métal, mais aussi dans les hommes
eux-mêmes, qui devenaient alors des idoles vivantes de
telle ou telle divinité. On voit tout de suite quel parti
pouvait tirer de ce procédé, d'ailleurs très-ancien, une
philosophie qui visait à replonger l'homme dans cette
unité divine d'où il était sorti. Avant Jamblique, l'école
néo-platonicienne n'avait point pratiqué la théurgie.
Plotin admettait, il est vrai, une certaine magie. Partant de cette idée que tous les êtres de l'univers vivant
au sein de l'âme générale étaient liés par une sympathie
réciproque, il disait que les magiciens étaient capables
de rapprocher les natures qui ont un amour inné les
unes pour les autres, et cela au moyen de chants, d'in-
vocations, de paroles, de figures, d'attitudes. Il ajoutait
néanmoins que les enchantements et les philtres étaient
sans vertu sur l'âme du sage, et que celui-ci ne pouvait
être ensorcelé et n'avait pas besoin d'être charmé, son
identification avec l'être premier étant opérée et consommée par la seule extase. Porphyre pensait à peu
près de même : il enseignait qu'il n'appartient qu'à la
philosophie de nous unir avec le Dieu suprême, et il
n'attachait à la théurgie qu'une importance secondaire;
mais Jamblique et l'auteur, quel qu'il soit, du livre sur
les *Mystères égyptiens* firent un pas de plus. Sans s'arrêter à la philosophie, ni à la contemplation, ni même

à l'extase, ils établirent ou crurent établir, par le moyen du raisonnement, que le pouvoir de nous unir à Dieu réside uniquement dans la vertu hiératique ou théurgique.

Proclus se jeta, lui aussi, dans ces voies qui n'étaient plus celles de la science. Incontestablement Proclus est un philosophe de forte race : à une immense érudition, à la science de tout ce qu'on pouvait savoir de son temps, aux talents de l'écrivain, du versificateur et même du poëte, il joint la vigueur de la réflexion et une rare puissance de combiner les idées et de coordonner les diverses parties d'un système. En même temps il a la prétention de concilier toutes les religions entre elles et avec la philosophie. Il va jusqu'à dire que le philosophe doit être le pontife de l'univers. Or, tandis qu'il travaille à cet accord de tant d'éléments divers, d'évidentes prédilections l'entraînent d'une part vers le platonisme, de l'autre vers les oracles chaldéens où Dieu était représenté comme un abîme. Ce sont bien là les deux termes que surtout il s'efforce de réunir et de mettre en harmonie. Il répétait que, s'il en était le maître, il ne laisserait circuler que le *Timée* de Platon et les oracles de Zoroastre. Là est pour nous le secret des violences que Proclus a fait subir aux plus hautes pensées de Platon. Là aussi est la cause de sa passion pour les opérations théurgiques. Proclus adresse des hymnes et des sacrifices aux dieux de tous les pays, à ceux de la Grèce comme à ceux des Arabes et des Égyptiens ; mais c'est le dieu de Jamblique que son âme cherche au-dessus des autres divinités, et c'est à la puissance théurgique qu'il aspire. Phénomène étrange et bien digne des plus sérieuses méditations, ce même Proclus qui n'osait pas nommer Dieu et qui, comme certains modernes, aurait craint de le rabaisser en lui attribuant seulement l'existence, Proclus, par de ridicules incantations et en prononçant des mots inintelligibles empruntés aux barbares, usurpait la puissance divine elle-même, commandait aux éléments, guérissait ses amis malades, prévoyait en songe sa destinée future et connaissait en dormant que l'âme qui lui était échue en partage n'était autre que celle de Nicomaque le Pythagoricien. Ce grand esprit, ce pénétrant génie se mettait à l'école d'une femme, Asclépigénie, fille du second Plutarque, et apprenait d'elle le sens, l'usage, l'efficacité des superstitions chaldéennes. On pourrait, il est vrai, alléguer à la décharge de Proclus que tous ses contemporains en étaient là. Cependant on verra que sa doctrine théologique n'était pas de nature à l'affranchir du joug de ces folles imaginations (1).

Ce qui prouve encore que, quoique Grec, quoique possédant à fond la philosophie grecque, quoique disciple avoué de Platon, dont il a commenté les plus importants dialogues, Proclus avait cédé à l'attrait prédominant des conceptions théologiques de l'Orient, c'est le rang inférieur qu'il assigne aux dieux de la Grèce dans sa hiérarchie des divinités. Moins ébloui par la contemplation vertigineuse d'un dieu sans détermination, semblable au vide ténébreux d'un abîme et égal au néant, il eût compris et retenu, en la perfectionnant, la méthode que Platon avait appliquée à l'interprétation des mythes du paganisme. L'auteur du *Timée* et du

---

(1) Sur les thaumaturges du siècle de Proclus et des temps précédents, on peut consulter l'ouvrage de M. Alfred Maury intitulé *la Magie et l'Astrologie*, chap. III, IV et V, et la *Vie d'Apollonius de Tyane*, de Philostrate, traduite par M. A. Chassang, maître de conférences à l'École normale.

Cratyle avait été, pour parler le langage de la science
moderne, un symboliste de génie. Il avait vu, non pas
le premier, mais avec une puissance d'intuition toute
nouvelle, que chacune des divinités de l'Olympe cachait,
sous des formes plus ou moins grossières, soit la conception de Dieu lui-même, soit la notion de l'un quelconque des attributs divins. D'une main délicate et
prudente, il avait osé dégager du sein des fables poétiques et populaires le sens religieux qu'elles envelop-
paient. Pour faire monter les esprits du polythéisme
au monothéisme, pour élever sans violence la conscience générale jusqu'à la hauteur des plus pures
idées philosophiques, il avait établi entre le dieu de sa
théodicée et le grand dieu des Hellènes d'habiles simili-
litudes. Si le dieu de la *République* est la source de l'être
et de l'essence, le Jupiter du *Cratyle* est le père de la
vie. Une tradition religieuse considérait Athéné (Minerve) comme la fille de Jupiter, née de son cerveau :
Platon s'empare de cette fable, et profitant ingénieuse-
ment des apparences étymologiques, il fait d'Athéné,
déesse de l'intelligence et de la pensée, la pensée même
de Dieu, *Theou noesis*, ramenant ainsi à l'unité d'un seul
être Dieu et son intelligence, que le mythe avait séparés. Nous ne prétendons pas que ce système d'inter-
prétations fût infaillible, et que Platon n'ait jamais
altéré les mythes primitifs, ces fleurs de l'imagination
religieuse que l'on ne touche guère sans les flétrir.
Toujours est-il que le profond philosophe employait le
seul moyen qu'il y eût de sauver la religion grecque
vieillissante : il en recueillait les germes féconds et les
semait dans le terrain neuf et riche de la métaphysique
spiritualiste, qui en devait transformer la séve. Au lieu
de suivre cet exemple, que fit Proclus ? Des choses con-

tradictoires, quoiqu'elles attestent une parfaite sincérité
et une grande vigueur d'esprit. Païen croyant, prati-
quant et dévoué, s'il l'eût fallu, jusqu'au martyre, il
aspire à conserver toutes les divinités mythologiques;
mais il veut en même temps rester fidèle à sa théorie
des hypostases et concilier une doctrine où Dieu n'est
rien, pas même l'Être, avec cette mythologie où l'idée
et le sentiment de la vie surabondent. Une telle conciliation était jusqu'à un certain point possible dans le
pur platonisme, qui affirmait énergiquement en Dieu
l'être, la vie, l'intelligence; dans le néo-platonisme de
Proclus, elle était impraticable, et elle avorte. Jetez les
yeux sur le tableau hiérarchique des puissances divines
qui résume la symbolique de Proclus (1) : Jupiter n'y
est qu'au cinquième rang, et Athéné, cette Minerve si
parfaite, qui aux yeux de Platon était l'Intelligence divine, Athéné, que Proclus lui-même adorait d'un cœur
si fervent, tombe au sixième groupe, entre Vesta et
Mars, et n'est plus qu'une divinité conservatrice et sub-
alterne. Les intentions de Proclus encore une fois étaient
excellentes; mais traiter ainsi le paganisme, en reléguer
les plus hautes conceptions si bas, au-dessous de l'Un
ineffable et des intelligibles, ce n'était ni le relever, ni
le transformer, ni le sauver : c'était en réalité lui donner
le coup de grâce.

L'étendue de l'esprit de Proclus et les qualités grecques de son génie atténuent néanmoins à chaque instant
les effets négatifs de sa méthode mystique, fondée, on
le verra bientôt sur la seule abstraction. S'il n'avait cru
qu'à son Dieu suprême, dont le langage humain ne

(1) Voyez ce tableau dans l'*Histoire critique de l'école d'Alexandrie*,
par M. Vacherot, t. II.

pouvait rien dire, il n'aurait plus eu qu'à se taire, et la
philosophie était morte. Par bonheur, ces divinités
grecques, qu'il maintient en les abaissant, participent
du Dieu absolu et gardent quelque chose de leur antique nature : par là elles sont à la fois plus pures que
les dieux d'Homère et d'Hésiode et plus vivantes que le
dieu innommable des Orientaux. Il est donc permis encore d'en parler, bien plus de les prier, de les célébrer,
de les chanter en vers. De là ces hymnes de Proclus,
quelquefois ternes, pâles, semblables à de médiocres
pastiches d'Homère, mais parfois aussi animés de je ne
sais quel souffle nouveau. M. Cousin les caractérise en
maître quand il parle de « ces hymnes empreints d'une
mélancolie profonde, où, désespérant de la terre et
l'abandonnant aux barbares et à la religion nouvelle, il
se réfugie un moment en esprit dans la vénérable antiquité, avant de se perdre dans le sein de cette unité
absolue, objet constant de toutes ses pensées, suprême
asile de ses misères. » Oui, une immense tristesse,
mais en même temps de fermes espérances, voilà les
sentiments qui, dans les jours mauvais, soutiennent
ceux qui, comme Proclus, ont gardé la jeunesse du cœur
et la chaleur de l'âme. Pour ceux-là, rien n'est jamais
complétement perdu, pas même l'inspiration poétique.
Cette inspiration, nous l'avons retrouvée en plusieurs
endroits des chants de Proclus, mais surtout à la fin de
son hymne à Athéné Polymétis, dont nous essayons de
traduire ici les vingt-trois derniers vers.

« ... Écoute-moi, ô toi dont le visage rayonne des
pures clartés, donne-moi un paisible refuge, à moi qui
suis errant sur cette terre. Donne à mon âme les pures

lumières qui brillent dans tes paroles sacrées. Donne-moi la sagesse et l'amour, et souffle à cet amour la force, toute la force qui, du sein des terrestres vallées, m'enlèvera vers l'Olympe jusqu'aux demeures du Père excellent. Et si quelque faute honteuse pèse sur ma vie (car combien sont nombreuses, combien diverses les actions impies que je commets, insensé que je suis, ma conscience troublée me le dit assez), pardonne-moi, déesse miséricordieuse et tutélaire ; ne permets pas que les châtiments redoutables me dévorent comme une proie, moi qui, prosterné contre terre, implore la grâce de t'appartenir. Donne à mon corps, à mes membres une santé puissante, inaltérable ; éloigne de moi l'essaim de maladies aiguës qui épuisent la chair. Oui, je t'en conjure, ô souveraine, calme de ta main divine la violence de mes sombres douleurs ! Au navigateur qui traverse la vie n'envoie que les souffles les plus doux. Donne-lui l'hyménée, des enfants, la gloire, le bonheur, l'aimable sérénité, l'éloquence, l'amitié et son doux langage, la vive intelligence, la force contre le malheur, un haut rang dans la cité. Exauce, exauce-moi, ô ma reine ; je viens à toi chargé de prières, parce qu'une cruelle nécessité me presse ; prête à ma voix une oreille favorable. »

Dans ces vers touchants, presque pathétiques par instants, on trouve l'attitude humiliée et l'accent contristé du pénitent, le sentiment douloureux de l'humaine misère, et aussi cet amour de la vie présente et de ses biens qui remplissait les âmes grecques (1). Ce-

(1) Il faut remarquer encore, à propos de cet hymne, que les premiers vers ont, au point de vue archéologique, un intérêt particulier

pendant le philosophe spiritualiste, le mystique fervent
y parle plus haut encore que le païen dévot, et quand
Proclus implore Athéné sa protectrice, c'est un autre
dieu qu'il contemple et qu'il aspire à posséder. Quel
était donc ce dieu ineffable ?

II

On ne se propose pas ici d'exposer à nouveau la théodicée de Proclus telle qu'elle est développée dans la
Théologie selon Platon, dans les *Éléments de théologie* et
aussi dans les grands commentaires sur le *Premier Alcibiade* et sur le *Parménide*, qui étaient inédits avant
M. Cousin. On voudrait seulement reproduire en quelques pages les traits essentiels des dernières doctrines
néo-platoniciennes sur Dieu et sur les attributs divins,

aperçu et indiqué par M. Cousin lui-même dans une des notes de son
avertissement. Proclus était à Athènes, on le sait, lorsque la Minerve
d'or et d'ivoire fut enlevée du Parthénon par les chrétiens. Il avait
donc contemplé, dans sa splendeur et au milieu du sanctuaire construit
par Ictinus, le chef-d'œuvre de Phidias tel qu'il était sorti des mains
du grand artiste. Les épithètes descriptives accumulées au début de
l'hymne de Proclus doivent probablement rendre avec une certaine
exactitude l'image de la célèbre statue. Et en effet Minerve y est appelée de plusieurs noms significatifs, tels que *porte-bouclier, habile à
manier la lance, coiffée d'un casque d'or ;* mais il n'y est pas question
de la Victoire qu'elle portait sur sa main étendue selon Pausanias et
Arrien, et qui était tout à fait admirable, au rapport de Pline. Cette
Victoire, Quatremère de Quincy et M. Beulé en ont admis l'existence
dans la composition du colosse, et nous l'avons admirée, posée comme
un oiseau et battant des ailes sur la main gauche de la belle Minerve
restituée par Simart sous la direction et aux frais de M. de Luynes.
Pourquoi Proclus n'en parle-t-il pas, lui qui rappelle tous les triomphes
d'Athéné et jusqu'à la défaite qu'elle infligea à la brûlante passion de
Vulcain ? C'est là un point qui ne peut manquer d'attirer l'attention
des archéologues. Nous n'avons pas à le discuter ici ; mais notre
observation aura du moins fait connaître les divers genres d'importance de l'*hymne à Athéné* publié par M. Cousin.

étudier à cette occasion les lois qui régissent et dominent la raison humaine, appliquée à la recherche de la
cause suprême. Ces lois, qui constituent la méthode en
théodicée, sont de nos jours méconnues ou contestées,
non qu'elles soient à découvrir, mais peut-être parce
qu'elles ne sont pas encore suffisamment fixées. Ces
lois sont-elles psychologiques ou logiques, ou métaphysiques, ou bien sont-elles marquées à la fois de ce triple
caractère ? Nulle part mieux que dans Proclus elles ne
se montrent sous leurs aspects divers, tour à tour sui-
vies, violées, puis obéies de nouveau. Ces lois, que la
philosophie spiritualiste avait heureusement élucidées
pendant les cours des siècles, Hegel les a mêlées et con-
fondues. En cela, et malgré de notables différences, il
a suivi l'exemple de Proclus, pour qui, à part certaines
réserves, il a maintes fois exprimé ses prédilections.
Ainsi revenir au vieux Proclus, c'est rester à beaucoup
d'égards sur le terrain philosophique de notre âge et
agiter des questions contemporaines.

Rendons tout d'abord à Proclus la justice de reconnaître qu'il repousse catégoriquement la doctrine du
hasard. Avant lui, Platon dans les *Lois*, Aristote dans
la *Physique*, Plotin dans la troisième *Ennéade*, avaient
écarté cette absurde explication de l'origine des êtres.
Ils avaient compris que, le hasard n'étant rien ou n'é-
tant qu'un accident fortuit, il répugnait à la raison de
rendre compte par ce vain mot de l'ordre universel.
Même à sa dernière heure, la philosophie grecque se
révoltait contre un pareil non-sens, et Proclus déclarait
qu'admettre le hasard, c'est renoncer à la science. On
n'oserait plus aujourd'hui essayer de ramener dans la
discussion des grands problèmes ce chimérique fantôme
du hasard, si cher à certains matérialistes du siècle

dernier; mais, qu'on le sache ou non, on l'évoque d'une
autre manière quand on supprime les causes et la métaphysique, ou bien quand on n'admet que des série
indéfinies de phénomènes dont chacun n'est que l'effet
du précédent, sans que la chaîne se puisse terminer à
un premier principe qui soit cause sans être effet.
Proclus croit à quelque chose d'incorporel qui n'a pas
été produit et qui a produit tout ce qui existe. Par là,
il appartient à la grande famille des métaphysiciens spiritualistes, et jusque-là il est platonicien.

Il est encore métaphysicien spiritualiste en cet autre
point qu'il fait de la psychologie la base de la théodicée.
Il enseigne que l'âme doit se connaître elle-même et
qu'elle possède dans sa propre nature de quoi s'élever
jusqu'à Dieu. Plus la science marche, plus elle s'assure
que cette route est la bonne; mais il faut la bien suivre,
tandis que Proclus ne tarde guère à l'abandonner. Son
siége est fait d'avance : sa doctrine sur Dieu, il a beau
dire qu'il la cherche, elle est toute trouvée. Dieu est
l'unité pure : la connaissance de l'âme doit nous conduire à Dieu; nos facultés devront donc nous conduire,
bon gré, mal gré, à l'unité pure. De là cette théorie, qui
avait quelques racines dans le passé, mais que Proclus
pousse à outrance et qui consiste à soutenir que le semblable est connu par le semblable. «Nous connaissons,
dit-il presque au début de la *Théologie selon Platon*,
nous connaissons le sensible par la sensation, le vrai-
semblable par l'opinion, la vérité déduite par le raisonnement, l'intelligible par l'intelligence.» Jusque-là,
cette psychologie est vraie et peut se justifier. Par
malheur, le philosophe ne s'arrête pas dans sa marche.
Il continue et dit : «De même c'est par l'unité (de notre
nature) que nous connaissons l'Un parfait.» Ce dernier

principe est ce qui, dans Proclus, a particulièrement
charmé Hégel : il signifie en effet qu'au plus haut de la
connaissance l'esprit de l'homme ou le sujet est identique avec son objet, c'est-à-dire avec Dieu. Or l'identité du
sujet et de l'objet est, comme on sait, une des propositions essentielles de l'hégélianisme. Il n'y a pas beaucoup de différence entre cette proposition et cette autre,
assez moderne, que Dieu n'existe que dans l'esprit de
l'homme. Pour Proclus, il est vrai, l'identification de
l'âme humaine avec Dieu n'était point constante : elle
ne s'opérait que par le suprême effort de l'extase. Toujours est-il qu'aux yeux du philosophe néo-platonicien
cette unification se produisait au moyen de ce qui, dans
notre âme, est purement un. Or cela ne se comprend
pas. Lorsque la psychologie enseigne que l'âme humaine
a certaines facultés intellectuelles, par exemple le raisonnement et la raison, lorsqu'elle ajoute que le raisonnement atteint tels objets et la raison tels autres, il
n'est pas d'esprit un peu ouvert qui n'entende ce langage ; mais que l'unité, qui n'est qu'un caractère de
notre âme, et qui ne saurait d'aucune façon être considérée comme une faculté de connaître, saisisse et
conçoive l'unité de la nature divine, c'est une énigme
métaphysique qu'il faut renoncer à déchiffrer.

D'ailleurs Proclus a jugé qu'il y avait lieu de démontrer l'existence de Dieu, et sur ce terrain il est plus aisé
de le suivre. Cette partie de sa doctrine est remarquablement belle et forte : son génie analytique y déploie
ses meilleures ressources. Il y a dans son argumentation
quelque chose de l'essor de Platon, de la rigueur d'A-
ristote et de l'intuition sereine de saint Anselme. Ce
n'est point que les trois preuves qu'il propose soient
également saisissables et irréprochables en tout leur

développement. La première, en particulier, qui se fonde sur l'idée de l'unité, est obscure et subtile. Négligeons-la, et ne parlons que des deux autres, dont nous omettrons ce qui rebuterait absolument le lecteur. La seconde est appuyée sur la notion et le désir du bien. Tous les êtres, dit Proclus, désirent le bien ; or ce bien ne peut pas être identique avec les êtres qui le désirent, car alors ces êtres seraient le bien lui-même, et n'auraient plus à désirer ce bien qu'ils posséderaient ; donc le bien est antérieur à tous les êtres qui le désirent. Ce raisonnement équivaut à celui que fait la théodicée moderne quand elle dit, en substituant le mot parfait au mot bien : Je désire et je conçois le parfait ; si ce parfait n'est pas la perfection suprême, j'en conçois un autre qui est la suprême perfection, et celui-ci est le vrai parfait que ma raison affirme. Ainsi il existe un être qui est la perfection absolue, et cet être c'est Dieu. — Voici enfin, brièvement résumée, la troisième preuve de Proclus. Il faut une cause première. Supposez en effet qu'une telle cause n'existe pas : dans cette hypothèse, ou bien il n'y aura plus d'ordre dans l'univers, ce qui est faux, ou bien les causes, se produisant mutuellement, formeront un cercle où chacune d'elles sera effet autant que cause, de sorte qu'il n'y aura pas de véritable cause, — ou bien enfin on ira à l'infini dans la poursuite des causes ; mais la science doit s'arrêter dans cette recherche, ou n'être plus la science. Donc il y a une cause première de laquelle tous les êtres émanent.

Hâtons-nous de le remarquer : si ces deux dernières preuves de l'existence de Dieu ne sont pas valables, aucune ne vaut, car la science actuelle n'en a pas d'autre à offrir ; mais elles n'empruntent nullement leur

(1)

solidité, reconnue par tant d'écoles, à l'idée fondamentale du néo-platonisme. Cette idée, on le sait déjà, c'est que Dieu est l'unité, et rien que l'unité, c'est-à-dire quelque chose de radicalement indéterminé. Dès le premier pas, Proclus, comme tous ceux qui de près ou de loin le suivent, est obligé de sortir de sa théorie pour rentrer dans la doctrine inévitable d'un Dieu déterminé et vivant. On ne redira jamais assez, surtout aujourd'hui, qu'un Dieu pareil à l'Un de Proclus ne toucherait d'aucun côté notre intelligence, que nous n'en aurions ni le plus vague sentiment, ni l'idée la plus confuse, que personne n'y penserait, et que nul ne songerait à démontrer qu'il existe. Au vrai, le philosophe qui se prouve à lui-même ou qui prouve aux autres que Dieu est réellement ne découvre pas Dieu, il ne le prouve même pas ; il s'assure seulement, et il assure ceux qui l'écoutent ou le lisent, que la raison ne peut nier Dieu sans se nier elle-même. Qui ne voit toutefois que s'assurer qu'on ne peut nier l'objet d'une idée, c'est déjà connaître cet objet, tout au moins le concevoir ? Et comment concevoir un objet absolument indéterminé, puisque l'indéterminé pur est insaisissable à la pensée ? Quelque idée de Dieu, par conséquent l'idée de quelque détermination ou d'une certaine manière d'être en Dieu, est indispensable à qui parle de Dieu. Rien ne sortira jamais de rien. Pour déduire quoi que ce soit d'une idée, il faut supposer que cette idée contienne plus que le rien. Pour traiter du Dieu indéterminé, force est bien de le déterminer à l'avance et de mettre un peu de vie dans la notion qu'on en pose dès le début. Hegel n'a pas éludé cette loi ; sa première trilogie de l'être, du non-être et du devenir, contient le devenir, qui est une façon déterminée, quoique fuyante

(1)

6.

(1) *preuve negal v , mai co e de ,*

d'exister. Avant Hegel, Proclus avait subi cette nécessité imposée à la connaissance humaine. Au lieu de se
contenter, comme Plotin, de poser au faîte des existences l'Un, d'où émaneront tous les êtres, Proclus
tente de prouver l'existence de l'Un, qui est, dans sa
pensée, aussi indéterminé que l'Être de Hegel, *identique
avec le non-être,* l'a été plus tard. Voilà cependant que
pour faire accepter à la raison cet Être, cet Un, cet indéterminé, sans lequel sa doctrine s'écroulerait du
sommet à la base, Proclus est contraint de déterminer
son indéterminé et de l'appeler le bien et la cause, bref
de le baptiser des noms les plus significatifs et les plus
déterminants que contiennent les dictionnaires du sens
commun et de la science. Son système débute par une
contradiction flagrante qui le suivra jusqu'à ses derniers
développements.

Proclus a lui-même aperçu cette inconséquence ; il a
voulu la justifier. Y a-t-il réussi ? On doit se le demander, car, s'il a eu le droit de la commettre, d'autres
ont eu aussi après lui ou auront encore dans l'avenir
ce même droit. Sa théorie des attributs de Dieu nous
l'apprendra. En effet, l'impossibilité de rien attribuer
au premier principe y est érigée en doctrine régulière
et scientifique. C'est aujourd'hui une crainte très-vive
et très-sérieuse chez certains esprits que celle de rabaisser Dieu en le revêtant des puissances et des facultés
de l'âme humaine, ces puissances fussent-elles conçues
comme agrandies jusqu'à l'infini. On redoute l'anthropomorphisme, et on a raison ; mais la philosophie en
est-elle donc réduite à la triste alternative de choisir
entre l'anthropomorphisme et un Dieu égal à zéro ?
Platon ne l'avait pas cru : il avait considéré comme impies ces fables poétiques où les dieux se souillaient des

plus honteuses passions et donnaient aux hommes les
pires exemples ; néanmoins le Dieu que sa raison avait
conçu était quelque chose, disons mieux, ce Dieu était
quelqu'un, et quelqu'un de parfait. Proclus est trop
platonicien et trop religieux pour avouer que son Dieu
soit un pur néant. Et cependant il n'ose appliquer à la
connaissance du principe inaccessible et ineffable qu'une
méthode négative. Il lui répugne d'employer à cette occasion ce qu'il appelle la trompeuse analogie, c'est-
à-dire cette sorte d'induction dont nous parlions tout
à l'heure, et qui consiste à transporter en Dieu nos
propres perfections revêtues d'infinitude. Nier de Dieu
toutes les qualités des êtres lui paraît le plus sûr ; mais,
par un détour imprévu, il transforme ses négations en
véritables affirmations. Il prétend que refuser à Dieu
une qualité, c'est lui accorder, lui reconnaître la puissance de créer cette qualité en dehors de sa nature. A
l'en croire, quand on dit : Dieu n'est pas l'intelligence,
c'est comme si l'on disait : Dieu a le pouvoir de produire l'intelligence. Quand on dit : Dieu n'est pas l'âme,
c'est comme si l'on disait : Dieu a le pouvoir de produire l'âme. Si Dieu était quelque chose, il ne produi-
rait aucune chose. Le manque, le défaut dans le premier principe est, dit encore Proclus, le signe non
certes de l'infériorité et de la privation, mais au contraire de la prééminence. Ainsi Dieu ne sera rien de ce
qu'on affirme des créatures, en vertu de ce principe que
tout producteur doit être supérieur à son produit, toute
cause supérieure à son effet. — Certes l'évidence de ce
principe n'est pas un seul instant contestable, mais
Proclus l'a-t-il bien compris, et de quelque façon qu'il
l'ait entendu, y est-il au moins resté fidèle ?

Proclus recommande aux philosophes, dans un de

ses ouvrages intitulé *les Dix doutes sur la Providence*,
de prendre pour guide Mercure, qui inculque aux âmes
les vérités du sens commun. Il ne veut pas dire, en parlant ainsi, que la philosophie soit condamnée à ne pas
dépasser les limites du sens commun, mais bien qu'elle
est tenue d'en respecter les principes alors même
qu'elle les développe. Eh bien, Proclus a oublié que
le sens commun mesure à sa manière la valeur des êtres
qu'il connaît, qu'il place les uns au-dessus des autres,
qu'il établit entre eux des degrés d'infériorité et de
supériorité. Pour le sens commun, un être est supérieur
à un autre être, lorsque le premier possède une qualité
qui manque au second, ou bien encore lorsque celui-
là, semblable d'ailleurs à celui-ci, l'emporte par un développement plus grand et plus complet des qualités
communes à l'un et à l'autre. Essayez de lui faire accroire que le comble de la supériorité est précisément
l'absence, non-seulement de toute perfection, mais de
toute qualité quelconque : vous n'y parviendrez jamais.
La philosophie, dont les vues sont plus hautes et plus
larges que celles du sens commun, doit-elle, sur ce
point, se montrer de meilleure composition ? Elle ne le
pourrait pas, le voulût-elle. La raison l'oblige à soutenir que l'être supérieur à tous les autres est celui en
qui les puissances les plus hautes résident au suprême
degré. Or la pensée de Proclus est fort différente. Selon
ce philosophe, le principe suprême est simplement
celui dont le caractère essentiel se retrouve dans tous
les êtres sans aucune exception ; mais, à son sens, l'u-
nité est le seul caractère commun à tous les êtres : donc
le premier principe est l'unité pure. Qu'après cela
l'unité pure ne soit qu'une abstraction creuse, peu lui
importe ; que cette unité vide exclue toute qualité, il

ne s'en inquiète pas. L'unité est ce que l'esprit rencontre partout : c'est assez ; Dieu sera l'unité, rien de
plus. Cependant que deviennent dans cette théorie les
droits du sens commun et de la raison ? Ils deviennent
ce qu'ils peuvent. Cela ne regarde plus Proclus, ou plutôt le sens commun et la philosophie se vengent, ils
rentrent à l'improviste dans le système d'où on les a
repoussés et arrachent à Proclus cet aveu : Dieu est une
cause, il est la cause de tout. En d'autres termes, Dieu,
qui n'a pas d'attributs, possède néanmoins le suprême
attribut, la puissance.

Hegel est plus d'accord avec lui-même, du moins au
début de son mouvement dialectique. Il place au point
de départ l'être pur, l'être indéterminé, l'être dépouillé
et nu ; mais il sait ce qu'il fait, et, sauf à se contredire
bientôt, il confesse que son être pur est identique avec
le néant (*das Nichts*). Proclus n'a point cette intrépidité.
Il réduit bien son premier principe à la dernière nullité,
il lui ôte courageusement l'être, la vie, l'éternité, l'intelligence, l'âme, le mouvement, la liberté ; il va même
plus loin, il avertit qu'en nommant Dieu le Bien et l'Un
il ne prétend rien affirmer de son intime nature. Toutefois, cette œuvre d'anéantissement une fois consommée,
il en nie les effets et s'écrie : « N'allez pas croire qu'un tel
Dieu ne soit rien ! il n'est pas tout non plus ; il est le principe
et la fin de tout. » Soit. Les critiques les plus conciliants
trouveront cependant quelque difficulté à comprendre
cette théodicée, et à concevoir, par exemple, qu'une cause
productrice dépourvue d'intelligence soit supérieure à
l'intelligence parfaite et consciente d'elle-même. Pascal
a dit avec autant de force que d'éclat : « Quand l'univers
l'écraserait, l'homme serait encore plus noble que ce
qui le tue, parce qu'il sait qu'il meurt, et l'avantage

que l'univers a sur lui, l'univers n'en sait rien.» Cette phrase célèbre n'est si éloquente que parce qu'elle exprime une profonde vérité psychologique, dont la métaphysique doit profiter sous peine de n'agiter que d'arbitraires hypothèses. La science philosophique ne connaît réellement qu'une seule cause digne de ce nom. Cette cause, c'est l'âme humaine agissant librement, c'est-à-dire sciemment. Otez à cette cause l'intelligence de ses actes, elle déchoit de son rang de cause et tombe au rang des forces fatales et aveugles. En cet état, est-elle supérieure à ce qu'elle était quand elle possédait la conscience? Qui osera répondre que oui? Inconscient, dénué d'intelligence, le dieu de Proclus est une cause inférieure à l'intelligence qu'il produit. Que ceux qui estiment que la nature divine nous est à jamais inaccessible, gardent le silence sur les attributs de Dieu, ils seront du moins conséquents avec eux-mêmes; mais qu'après avoir mis la connaissance des perfections absolues au-dessus et en dehors de la science, ils donnent pour cause à des œuvres où brille l'intelligence et à des êtres doués de raison un Dieu nul comme celui de Proclus, ou une molécule chimique comme les récents matérialistes, n'est-ce pas trop oublier les lois de la raison et les principes sans lesquels elle flotte comme un navire privé de gouvernail et de boussole?

Ce qui vient d'être dit suffit à réfuter la théorie néo-platonicienne des hypostases. On n'y insistera pas davantage. Arrêtons-nous un peu plus longtemps sur l'acte par lequel Dieu, chez Proclus, engendre son premier produit, parce que là nous rencontrons Hegel et tous les panthéistes modernes. Je ne sais si le problème de la création sera jamais scientifiquement résolu. Peut-être quelque jour le vol plus puissant des facultés humaines

(1)

les portera-t-il jusque dans les profondeurs de ce mystère. En attendant, la circonspection de l'école spiritualiste, qui se borne à dire que Dieu est le créateur de
l'univers sans prétendre savoir comment il le crée, a sur
l'audace des panthéistes l'avantage d'éviter des explica-
tions incompréhensibles qui n'expliquent rien et pro-
pagent les chimères. N'est-il pas provisoirement plus
sage de réserver le problème que d'adhérer par exemple
à la théorie hégélienne? Dans un travail clair et nerveux,
M. Paul Janet a soigneusement analysé la dialectique
de Hegel, sondé le principe d'où elle part et démontré
que ce principe est stérile, et impuissante la méthode
qui se flatte de le féconder. Cette discussion n'est pas à
recommencer. On nous permettra seulement d'indiquer
dans Proclus les origines du *procès* hégélien, c'est-à-dire
de ce développement par lequel l'être indéterminé devient successivement tous les êtres de l'univers. De
frappantes analogies, mêlées, il est vrai, de notables
différences, rapprochent en ce point Hegel et Proclus.

Dans ses *Leçons sur l'histoire de la philosophie*, Hegel
donne des éloges à Plotin; mais il lui préfère Proclus,
dont la méthode lui semble moins arbitraire, moins
chargée de métaphores, plus systématique, plus régulière et plus conforme à la dialectique de Platon. Il est
certain que toutes les fois que Plotin a tenté d'expliquer
le passage du premier principe aux êtres qui émanent
de lui, il s'est borné à accumuler de brillantes images.
C'est tantôt un vase trop plein qui déborde, tantôt le
rayonnement d'une lumière qui s'échappe de la cause
sans troubler sa quiétude, tantôt quelque chose de
pareil à des parfums qui, tant qu'ils durent, embaument
de leurs exhalaisons tout ce qui les entoure. Proclus,
que M. Cousin a bien nommé l'Aristote de l'école

d'Alexandrie, rejette, lui aussi, ou croit rejeter les métaphores de Plotin, comme Aristote dédaignait celles de
Platon. Il reste néanmoins à savoir si ce qu'il apporte
vaut mieux que ce qu'il élimine. La grande difficulté
du système des émanations est de rendre fécond le
premier principe, qui n'est que l'unité abstraite, sans
plus, et d'en tirer des existences. Ou bien il n'y aura
dans l'univers de Proclus rien que la seule unité, ce qui
n'est pas admissible, ou bien il est nécessaire que ce
principe des êtres sorte de lui-même, se multiplie, se
plurifie. Toutefois, en se multipliant, il doit rester lui-
même et conserver intacte son ineffable unité. Et n'ou-
bliez pas que ce principe n'a ni intelligence, ni volonté,
ni aucun attribut quelconque qui l'incline à produire les
êtres. Le Dieu de Platon crée le monde parce qu'il est
bon, exempt d'envie, et qu'il veut qu'il existe des êtres
autant que possible semblables à lui. Le Dieu de Proclus
n'est que l'*un*, de même que le premier principe de
Hegel n'est que l'*être pur*. Comment l'unité, n'étant
que l'unité, produira-t-elle autre chose qu'elle-même?
comment, par exemple, produira-t-elle l'intelligence? A
cette question, Proclus répond : «L'unité *s'abaisse* et,
en s'abaissant, elle produit des unités à la fois semblables et inférieures à l'unité productrice. Or ces unités
particulières et inférieures sont comme la *fleur* et les
sommets des intelligences. Et ainsi, en produisant les
unités inférieures, l'unité suprême produit du même
coup les intelligences.» Arrêtons-nous là et voyons si
cette production des unités et de l'intelligence par l'unité
première est possible et légitime, car si elle ne l'est
point, dès son premier pas la dialectique de Proclus est
paralysée. Avec un peu d'attention, le lecteur comprendra aisément ce que nous allons dire.

Recourons à une comparaison qui n'est pas dans Proclus, mais qui nous aidera à l'entendre. Supposons que j'aie un vase rempli d'eau et que je l'incline : qu'en tombera-t-il ? De l'eau évidemment, des gouttes d'eau qui, dans leur chute, se diviseront de plus en plus. Si je prétends qu'à un certain point de leur chute ces gouttes d'eau deviennent du vin sous prétexte qu'elles sont comme la fleur et le sommet du vin, vous croirez que je raille, ou, si vous pensez que je parle sérieusement, vous avouerez ne pas comprendre comment ces gouttes d'eau deviennent du vin. Reprenez maintenant la théorie de Proclus. Son unité pure, c'est l'idée générale et abstraite de l'unité. S'*abaisser*, dans la langue de Proclus, signifie quelque chose de très-clair pour qui sait l'entendre : ce mot exprime le mouvement d'une idée qui, de générale qu'elle était, se transforme en se divisant, et se décompose en toutes les idées particulières qu'elle comprend. Ainsi procède l'unité de Proclus : elle produit les unités inférieures, comme l'idée générale produit les idées particulières enfermées dans sa compréhension, ou, si vous voulez, comme une masse d'eau produit, en se divisant, toutes les gouttelettes qu'elle comprenait. Il semble que jusque-là Proclus ne dise rien que de vrai ; pas du tout, déjà il se trompe. Voyez plutôt : une idée générale ne se brise pas, ne se divise pas toute seule en ses idées particulières ; cette division, il faut qu'un esprit, le mien ou le vôtre, l'accomplisse, de même que l'eau ne sortira pas du vase dont j'ai parlé, si une main ne le vient incliner. Cependant, au moment où l'unité de Proclus, qui est proprement une idée générale, s'abaisse, c'est-à-dire se brise en ses unités inférieures, il n'existe encore aucun esprit, ni humain ni divin, pour la diviser en ses mul-

tiples, et elle-même ne possède aucune force, aucune
faculté capable d'opérer cette division. Donc, quoi qu'en
dise Proclus, son unité restera unité ; elle ne s'abaissera
pas, elle ne se divisera pas, elle ne produira rien, et rien
ne viendra au monde.

Ce n'est pas tout. Accordez au philosophe que cette
impossibilité devienne possible ; admettez qu'un vase
plein d'eau épanche l'eau qu'il contient sans que personne l'incline, concédez-lui que son unité morte,
inerte, indéterminée, prenne je ne sais où, puise, si
l'on veut, dans son néant même la force de se diviser :
que produira cette division ? Évidemment rien autre
chose que le morcellement du tout primitif. En se bri-
sant, l'unité produira des unités pareilles à la première,
abstraites et indéterminées. Par quel miracle ces unités
se changeraient-elles en autant d'intelligences ? On ne
le voit pas. Entre l'unité pure et l'intelligence il y a un
abîme. De l'une à l'autre il faudrait un passage. Ce
passage, ce n'est pas l'*abaissement*, nous l'avons prouvé.
Le dieu de Proclus n'est donc ni un principe, ni une
cause, ni une source d'êtres. Il n'est rien, il ne fait rien
et ne peut rien faire. Pourquoi ? Parce que ce dieu est
radicalement indéterminé, parce que c'est au fond une
négation pure, et qu'en théodicée la méthode négative
adoptée par Proclus ne mène qu'au néant.

Chose remarquable, et qui justifiera les développements dans lesquels on vient d'entrer, Hegel, à part la
différence des termes, procède comme Proclus, et sa
dialectique, comme celle du penseur néo-platonicien,
présente dès le début un vice qui l'arrêterait court, si
l'auteur de la *Logique*, par une frappante inconséquence,
ne se hâtait d'introduire dans ses déductions des notions
empruntées à l'expérience. Mais si Proclus s'est four-

voyé au point de départ, si sa méthode est absolument
impuissante, où donc a-t-il puisé sa doctrine de la Providence, admirable à tant d'égards ? C'est qu'il a presque
constamment employé, à son insu, la méthode ana-
logique ou plutôt l'induction rationnelle, qui est aussi
féconde que la méthode négative est stérile. Il faut
montrer maintenant quel parti il a tiré de cette méthode, à quel maître il l'avait empruntée, et quels services cette méthode, complétée et corrigée, pourrait
rendre à la science actuelle.

III

On a raison d'admirer l'école d'Alexandrie. Chez les
principaux philosophes qui l'ont illustrée, il y a un
souffle, une profondeur, une étendue, une puissance
d'intuition métaphysique sans lesquels l'influence du
néo-platonisme, qui s'est prolongée à travers le moyen
âge et la renaissance jusqu'à nos jours, serait tout à
fait inexplicable. Les grands monuments que Plotin et
Proclus ont légués à la postérité, ceux au moins qui
sont arrivés jusqu'à nous, renferment de remarquables
parties où brillent d'éclatantes vérités. Pourtant l'élément solide et durable de leurs doctrines, ce n'est pas
en eux-mêmes qu'ils l'ont trouvé, ce n'est pas à leurs
méthodes personnelles et favorites qu'ils le doivent.
Proclus vise à concilier Platon avec l'Orient ; mais
rarement il y réussit. Tantôt il penche du côté du panthéisme, et il y tombe : alors le Dieu qu'il célèbre
s'évanouit dans le vide de l'abstraite unité ; tantôt, par
un mouvement contraire, il revient à Platon, et aussitôt
son Dieu s'anime et vit. Ce qu'il y a de singulier, c'est
que dans l'une comme dans l'autre évolution il s'imagine

toujours platoniser. C'est de sa part une pure illusion.
Quand il emploie réellement la dialectique platonicienne, il abandonne la sienne propre, il ruine sa théorie
du Dieu indéterminé, et quand il reste fidèle aux procédés alexandrins, il suit une voie que Platon n'a jamais
suivie dans ses recherches sur la nature et sur les attributs de Dieu. Les deux méthodes qui se disputent en
quelque sorte la pensée de Proclus, et qui tour à tour
la maîtrisent, sont aussi celles qui se partagent les métaphysiciens d'aujourd'hui. La double théorie de Proclus
sur la Providence nous permettra de voir fonctionner
les deux instruments scientifiques et de juger lequel est
le meilleur. Décomposer et décrire le véritable *organum*
de la théodicée serait l'un des plus grands services que
l'on pût rendre en ce moment à la philosophie.

Il est bien difficile d'affirmer Dieu et de nier en même
temps la Providence. La Providence, c'est la cause de
l'ordre du monde : or cet ordre est si évident et tellement inexplicable en l'absence d'une cause excellente
qui le produise et le maintienne, que les athées sont
obligés d'attribuer à la matière des vertus providen-
tielles. Aussi est-ce sur l'idée de Providence que la famille et l'enseignement s'appuient à l'envi pour édifier
dans les jeunes esprits la connaissance de Dieu. Cette
preuve en effet a l'inappréciable avantage de parler
éloquemment à toutes les facultés de l'homme : à ses
sens par les spectacles de la nature, à sa conscience par
la considération des résultats moraux de ses démarches
bonnes ou mauvaises, à sa raison par la nécessité de
rapporter des œuvres merveilleuses à une cause mille
fois plus merveilleuse encore. Nous n'oublions pas que
cet argument ne donne pas complète satisfaction aux
purs philosophes, et que la notion métaphysique de

l'infini s'y doit joindre, sans quoi le principe que l'on conçoit, quoique très-grand, n'atteint pas la grandeur suprême. Toutefois, si cette manière d'envisager la Divinité n'est ni la seule ni la plus profonde, elle est incontestablement le vestibule de la théodicée : pour aller plus loin, il faut passer par là. Les facultés religieuses de l'homme y reçoivent doucement l'éducation première dont elles ont besoin, et les regards de la raison s'y habituent graduellement à des clartés de plus en plus resplendissantes ; mais parmi tous ces rayons qui partent de l'éternel foyer de lumière, il en est un que les beautés de l'univers et la sérénité de la conscience réfléchissent infailliblement, et dont les yeux les moins attentifs sont frappés. Ce rayon, c'est celui de l'intelligence divine. Que la cause de l'ordre physique et de l'ordre moral soit une cause intelligente, voilà ce que la raison comprend le plus tôt et le mieux. Parcourez les écrits où il est traité de la Providence, depuis l'entretien de Socrate avec Aristodème le Petit jusqu'au récent volume de M. de Rémusat intitulé *Philosophie religieuse*, et qui présente avec exactitude l'état actuel de la question, vous reconnaîtrez que la notion de providence enferme, implique nécessairement l'idée d'intelligence. Les stoïciens eux-mêmes, dont le Dieu est matériel, incorporé au monde et intérieur à son œuvre, ont mieux aimé attribuer la raison à la matière que d'admettre une Providence dépourvue de raison, et si leur Dieu n'est que du feu, c'est du moins un feu intelligent, un feu artiste : solution inadmissible, mais qui démontre à quel point il est difficile de concevoir une Providence à laquelle l'intelligence manquerait. Cette difficulté ou plutôt cette impossibilité radicale, on l'affronte aujourd'hui. Proclus, lui aussi, l'avait affrontée. Ne par-

lons donc ici que de ce philosophe, et voyons comment
il est sorti de la lutte que sur ce point il a engagée avec
la raison.

Il a sur la Providence deux doctrines : l'une qui est
le fruit de sa méthode négative, l'autre qui a sa source
dans un procédé scientifique fort différent. Ces deux
doctrines sont tellement distinctes, qu'il n'y a pas moyen
de les confondre. Proclus est religieux au plus haut
degré ; le dogme de la Providence lui est cher, tellement
cher, qu'il le défend éloquemment et fortement contre
les objections qui avaient cours de son temps (1).
Toutefois il n'est pas moins attaché à sa conception
alexandrine d'un Dieu ineffable, purement un, vide
d'attributs. Il essaye donc de tirer l'idée de providence
de la notion abstraite de l'unité, et de prouver que la
Providence ne doit pas descendre au niveau de l'intelligence. Pour y parvenir, il a recours à un subterfuge
vraiment indigne d'un aussi grand esprit, et qu'on ne
pourrait lui pardonner, si sa bonne foi n'était évidente.
Il joue sur le mot *pronoïa*, lequel signifie dans la langue
grecque, comme le mot Providence dans la nôtre, vue
anticipée, préconnaissance des choses à venir. Ce
sens, qui est le seul raisonnable, Proclus l'écarte ; il
prétend que *providence* veut dire un être qui existe
antérieurement à la connaissance, antérieurement à
l'intelligence, de telle façon que la langue, cette
expression spontanée du sens commun, semble té-
moigner en faveur de la méthode négative, et placer le
dieu Providence au-dessus et en dehors de toute intelligence. Tout n'est pas décidé cependant ; la raison est

(1) Voyez les trois traités sur *la Providence, la Liberté* et *le Mal*,
nouvelle édition de M. Cousin, p. 78.

moins complaisante que les mots, qui souffrent tout, et
il reste à prouver qu'une Providence sans intelligence
mérite encore son nom et joue dans le monde un rôle
quelconque. Proclus le prouve en effet ; comment ? En
disant que c'est *par son être* que Dieu produit tout, et
que sa Providence n'est que *son être même*, rien que son
être, antérieur et supérieur à tout attribut et à toute
détermination. Cette explication est répétée à satiété
dans le grand commentaire sur le *Parménide*, et chaque
fois que Proclus la répète, il se persuade avoir atteint le
comble de la clarté philosophique, tandis qu'il roule
dans les ténèbres et dans le vide et que sa pensée n'embrasse que des ombres. Voilà où la doctrine du Dieu
indéterminé peut jeter une belle intelligence. Voici
maintenant comment une belle intelligence, par une
sorte d'instinct de conservation philosophique, recule
devant ces abîmes et revient à la vérité, au prix de plus
d'une inconséquence. Ne pouvant rien faire de cette
Providence, qui n'a pour toute puissance que son être
et pour tout être que son unité, Proclus, devenu subitement aussi prodigue qu'il était avare, la pare d'une
triple couronne de triples attributs. Il lui accorde
d'abord la bonté qui constitue les êtres, la sagesse qui
les conserve, la beauté dont l'attrait ramène les êtres à
leur principe. A ces perfections il ajoute la volonté, la
connaissance et la puissance, ou en d'autres termes la
liberté, l'intelligence et la souveraineté, et afin de compléter ces dernières puissances, il proclame la Providence juste, véridique et universelle. Sans chercher si ces
expressions ne sont pas autant de mots à la place d'autant de choses absentes, bornons-nous à faire remarquer
que chacun de ces termes est une atteinte mortelle
portée au principe de l'indétermination et à la méthode

négative. Ou cette méthode est fausse, ou le dieu de
Proclus doit rester sans attributs, dans sa nudité primitive et fatale.

· Ce n'est pas tout : la doctrine de la Providence soulève une multitude d'objections redoutables. Parmi ces
objections, les unes doivent être résolues, les autres in-
firmées, d'autres encore écartées. Or ce travail, très-
complexe dans le détail, se réduit à prouver que Dieu
est bon, que le bien domine dans le monde, enfin que
l'univers et l'homme sont tellement constitués, que le
bien doit indéfiniment s'accroître et le mal indéfiniment
diminuer. Soutenir ces trois propositions, c'est être optimiste, et optimiste de la bonne façon, car il y a une
façon absurde de l'être. On professe un optimisme
absurde, cruel, impitoyable, lorsqu'on se pique de
démontrer que tout est toujours pour le mieux, et que
tout malheureux est rigoureusement responsable de son
propre malheur. Plotin ne s'est pas préservé de cet
excès : il a divisé l'humanité en deux classes, les hommes dépravés et les lâches, et il a imputé à ceux-ci,
à leur faiblesse, à leur timidité, le succès des méchants,
comme si tout opprimé, tout infortuné, toute victime
l'était nécessairement par sa faute ! Un autre optimisme
moins barbare, mais plus niais, est celui que Voltaire a
prêté à son Pangloss dans le roman de *Candide*. Ni l'un ni
l'autre optimisme n'existe pas plus dans Leibniz, que Voltaire croit réfuter, que dans Proclus, dont Leibniz semble
avoir eu certains ouvrages sous les yeux lorsqu'il a écrit
ses *Essais sur la bonté de Dieu et la liberté de l'homme*.
Le philosophe alexandrin a, pour défendre la Providence contre les objections de ses contemporains, des
arguments souvent puisés aux sources stoïciennes, mais
par lui renouvelés, et dont quelques-uns sont admira-

bles et victorieux. A cette question souvent posée :
« S'il y a une Providence, pourquoi l'homme de bien
est-il malheureux; pourquoi, au contraire, l'homme pervers est-il heureux ? » Proclus n'a garde de répondre
que c'est la faute de l'homme de bien. Il cherche à dénouer la difficulté au lieu de la trancher. Il ramène
l'idée de providence à celle de justice, et développe
avec une habileté profonde et parfois touchante la notion d'équité proportionnelle dans la distribution des
biens et des maux. Sans doute il exige que l'ordre
général du mode soit respecté avant tout, et l'on peut lui
reprocher de sacrifier çà et là l'individu à la perfection *(1)*
de l'ensemble. Pourtant sa raison ne serait pas satisfaite
d'une organisation des choses où la fatalité aveugle
courberait les destinées diverses sous le niveau d'une
écrasante unité. Il lui faut une providence à la fois juste
comme la géométrie et harmonieuse comme la musique.
Le barbare traducteur latin du texte aujourd'hui perdu
des *Dix doutes sur la Providence* n'a pu réussir à éteindre, sous sa phrase pesante et obscure, ni l'éclat de
cette pensée, ni le feu de cette conviction. Non, dit
Proclus, la Providence n'est pas injuste à l'égard des
hommes vertueux : elle leur accorde les biens qu'ils
aiment et le moyen d'accroître ces biens précieux. Les
richesses, la puissance, les sages n'en ont que faire et
ne s'en soucient pas. Pourquoi la Providence les leur
donnerait-elle? Elle ne leur doit que des instruments
et des occasions de vertu. Au lieu d'avantages purement
apparents et souvent dangereux, elle leur envoie des
épreuves qui secouent leur âme, stimulent leur intelligence, leur apprennent à mépriser le corps et à mesurer
exactement la grandeur de la vertu. D'un côté elle dé-
masque à leurs yeux les faux biens dont l'aspect trom-

7.

(1) C'est ce que fait aussi Leibniz dans sa Théodicée
pour résoudre les objections de Bayle et défendre
un optimisme.

peur pourrait les séduire, d'un autre elle leur montre la
vraie beauté. Quant aux hommes pervers, ils désirent
ardemment et poursuivent sans relâche le bonheur ap-
parent : eh bien , la Providence leur accorde ce qu'ils
désirent, et les punit en le leur accordant. Ainsi chacun
obtient le lot qu'il mérite : le sage, la vertu avec ses
fruits excellents ; le méchant, le succès et les richesses
avec toutes les tentations et les angoisses qui y sont
attachées.

Voilà une des faces de l'optimisme de Proclus. On ne
peut s'empêcher d'y admirer, au milieu de quelques
subtilités, un profond sentiment de la liberté humaine
et une haute conception de la justice divine. Il serait
trop long de suivre cette conception dans les conséquences nombreuses et variées que le philosophe en a
déduites. Ce que nous en avons dit suffit à notre dessein, qui est de montrer Proclus abandonnant avec
éclat, et néanmoins à son insu, l'impuissante méthode
de l'alexandrinisme. Ouvrez en effet les flancs de l'unité
néo-platonicienne, fouillez-en hardiment les gouffres, car
c'est un abîme : vous y trouverez l'unité et encore l'u-
nité, la morne unité de la nuit sans lumière, du vide
sans fond, du rien sans limites ; mais la vie divine puissante et féconde, mais la cause agissante d'une énergie
inépuisable et éternelle, ne l'y cherchez pas. Dans ce
désert, rien ne vit, n'existe, ne palpite à aucun degré.
Et la preuve, c'est que pour y retourner, pour y remonter, pour reconquérir ce ciel perdu, savez-vous ce qu'il
faut que l'âme fasse ? Il faut qu'elle s'enlève à elle-
même une à une toutes ses facultés, comme on dépouille un à un ses vêtements, qu'elle dépose successivement toutes les formes de sa vie, qu'elle arrive à un
hébétement complet, et qu'ainsi elle devienne enfin

semblable à l'unité mathématique, à ce rien logique que l'arithméticien ajoute à lui-même lorsqu'il forme des nombres abstraits. Parvenue jusque-là et à cela réduite, l'âme est en extase, elle est sans conscience, sans détermination ; elle est semblable à Dieu ; bien plus, elle est Dieu. Or, si le dieu de Proclus est ce qu'est l'âme quand elle devient cela, qu'y a-t-il de commun entre lui et cette Providence qui prévoit l'avenir, connaît d'avance les destinées, est présente à titre de bien dans l'universalité des êtres, rend à chacun selon ses mérites, éprouve et récompense le sage, comble et châtie le pervers, et par un surcroît de délicate et maternelle justice ajourne parfois le châtiment afin de le rendre plus opportun et plus efficace ? Entre ce dieu, qui est celui de Proclus, et cette providence, qui est aussi le dieu de Proclus, il y a la même différence, la même distance qu'entre zéro et l'infinie perfection. Le zéro, c'est la méthode alexandrine qui le produit ; l'infinie perfection, c'est la méthode platonicienne qui la fait concevoir et aimer jusqu'à l'enthousiasme, mais jamais jusqu'à cette extase qui est le pur hébétement.

Comment est-il donc arrivé qu'un illustre philosophe, Hegel lui-même, et deux savants historiens du néo-platonisme, MM. Ravaisson et Vacherot, aient considéré Proclus comme le restaurateur de la méthode dialectique de Platon ? Pour Hegel, cela se comprend : il lui fallait de grands ancêtres, et Platon lui paraissait à juste titre plus grand encore que Proclus. Sous l'empire de cette préoccupation, il a pu de bonne foi rapporter à Platon un procédé scientifique qu'il estimait sans égal. De la part des deux critiques français, cette opinion s'explique d'une autre manière. Oui, il y a dans

les dialogues de Platon une certaine méthode d'abstraction qui revient maintes fois, occupe une certaine
place et semble n'être que la recherche du caractère le
plus général de chaque classe d'êtres ou d'objets. Certains objets ont cela de commun, par exemple, qu'ils
sont égaux entre eux : il y a donc une idée générale de
l'égalité. Prenons un autre exemple encore : toutes les
choses et tous les êtres ont cela de commun qu'ils sont;
il y a donc une idée générale de l'être. L'être en général
cependant n'est ni vous, ni moi, ni aucun objet individuel. Il en résulte que plus je m'approche de cette idée
générale de l'être, plus je m'éloigne de ce qui est individuel, réel, vivant. C'est là ce qu'on appelle la méthode
d'abstraction pure. Celle-là, Proclus l'a vue ou cru la
voir dans le *Parménide* de Platon, et il se l'est appropriée, le sachant et le voulant, parce qu'il espérait s'en
servir pour donner à sa théorie de l'unité un caractère
rigoureux et scientifique. A côté de ce procédé logique,
il y en a un autre dans Platon, et celui-ci vise non plus
à ce qui est général, mais à ce qui en toutes choses
éveille l'idée de la perfection. Au delà de la vérité incomplète et changeante, toujours mêlée d'erreur, ce
procédé cherche, conçoit et affirme une vérité parfaite;
au delà de la beauté finie qu'altère toujours quelque
laideur, il poursuit et atteint une beauté achevée et
éternelle ; au delà de la justice des hommes, justice
tantôt aveugle, tantôt boiteuse, tantôt impuissante, il
entrevoit, saisit et pose la justice absolue à titre d'existence réelle, de réalité vivante. Et ce ne sont plus là
des généralités vaines comme des ombres ; ce sont des
aspects mêmes de la Divinité conçus par la raison. Aussi
le Dieu de Platon a-t-il les attributs de la vie parfaite,
l'intelligence, la bonté, la beauté, et les a-t-il par nature

et par essence. Au contraire, le dieu de Proclus n'est qu'un être de raison sans réalité, et si l'intelligence, la beauté, la bonté sont affirmées de lui, c'est en dépit de sa nature et en contradiction manifeste avec les procédés qui ont conduit le philosophe alexandrin jusqu'à la conception du premier principe. Au reste, on peut juger de la différence qui sépare l'un et l'autre dieu par les effets bien différents qu'ils produisent sur l'âme et sur l'homme tout entier. Platon et Proclus disent également que le but suprême de la vie est de ressembler à Dieu selon ses forces ; mais autre modèle, autre ressemblance. Le mystique imitateur du dieu de Proclus travaillera donc à engourdir toutes ses énergies, à stupéfier toutes ses facultés, à éteindre en son intelligence tous les rayons, en son cœur toutes les flammes. Au contraire, le platonicien pur, le vrai disciple de l'auteur du *Banquet*, pour devenir semblable à son modèle éternel, pratiquera tellement la justice, la sainteté et la sagesse, et aimera la beauté suprême d'un si puissant amour, qu'il fera de lui-même le plus parfait, c'est-à-dire le plus vivant des êtres de la terre. Telle est selon nous, depuis longtemps et selon les textes, la véritable signification de la théorie des *idées*; telles sont la portée de la dialectique et l'incomparable vérité de la théodicée platonicienne. En un mot, la méthode de Proclus est radicalement négative ; la dialectique de Platon est essentiellement positive, et si le procédé fécond du maître ne se substituait sans cesse à l'instrument vicieux et impuissant du disciple, il n'y aurait dans la théologie de Proclus que des cadres vides.

Cette dialectique platonicienne, qui a su communiquer, en dépit de lui-même, un certain éclat, une certaine force à l'alexandrinisme finissant, ne pourrait-

elle aussi nous être de quelque secours, à nous chercheurs du XIX⁰ siècle? Un double danger en ce moment
nous menace : d'un côté le matérialisme, qui supprime
tout simplement la métaphysique et Dieu ; de l'autre
l'abus de l'abstraction, qui réduit tantôt toutes les causes
et toutes les substances, tantôt Dieu seul, l'idéal suprême,

(1) à l'état d'abstraction logique. Aurions-nous donc perdu
le sentiment de la cause agissante ? La faculté de concevoir le Dieu réel, l'infini vivant, serait-elle de notre
temps paralysée, comme en ces jours de défaillance où
les néo-platoniciens s'appliquaient à la stimuler par les
opérations de la théurgie? S'il en était ainsi, il serait
sage d'en revenir bien vite à la dialectique platonicienne
en la corrigeant et en la complétant.

Si la dialectique platonicienne est incomplète, qu'y
manque-t-il donc ? On l'a dit récemment : il y manque
ce que Platon y aurait ajouté, si, au lieu de naître en
429 avant notre ère, il était né depuis Kant et depuis la
Critique de la raison pure. Porté sur les ailes de la raison
et de l'amour, qui l'élèvent graduellement de la région
des choses mobiles et imparfaites jusqu'aux derniers
sommets de l'idéal, et parvenu enfin à la conception
de l'être parfait qu'il nomme le *bien,* la *cause,* la *beauté,*
le *père* des essences et des existences, Platon ne doute
pas un instant de la réalité des objets sublimes qu'il contemple. Il ne lui vient pas à l'esprit de se demander :
« Ce bien, dont j'ai l'idée, est-il un être existant en
dehors de ma raison   n'est-il qu'un rêve de mon intelligence ? » Non : nul encore n'en était venu à de semblables doutes. Aux yeux de Platon, l'idée, aussitôt conçue, produisait la foi absolue en l'existence de l'objet.
Cependant il y avait bien là deux mouvements distincts
de la raison confondus en un seul : par le premier, la

(1) C'est le système de Vacherot.

raison s'élevait à la pensée du parfait ; par le second, elle concluait de sa propre pensée à l'existence de Dieu. Or, du jour où la philosophie aurait distingué ces deux actes connexes de la raison, le premier sans le second devait paraître ne pas aboutir, et de là est venue très-probablement la polémique d'Aristote contre les idées de Platon, et cette persistance avec laquelle le disciple reproche à son maître de dire des paroles vides (κενολογεῖν). Platon cependant est un métaphysicien tout aussi puissant qu'Aristote, mais il ne le montre pas assez. D'ailleurs les questions ne se posent pas en tout temps de la même manière. Bien plus tard que Platon, un siècle seulement avant Kant et sa *Critique*, Descartes réunissait, dans l'une de ses preuves de l'existence de Dieu, la métaphysique à la dialectique, et cela sans s'apercevoir qu'il établissait un passage de l'idée à l'être, ou, comme disent les Allemands, du subjectif à l'objectif. Il trouvait dans sa raison l'idée du parfait, et, au lieu d'en inférer immédiatement l'existence réelle de la suprême perfection, il remarquait que cette idée du parfait, il ne la pouvait tenir ni du néant, ni de lui-même, et qu'ainsi la cause de cette idée devait être une nature autre que la sienne et infiniment parfaite (1). En invoquant dans cette preuve la notion de cause ou plutôt le principe de causalité, Descartes avait si peu conscience des procédés distincts qu'il mettait en jeu, que deux pages plus bas, il retombait dans les voies logiques et déduisait l'existence de Dieu de sa perfection. Il oubliait ou ne voyait pas que, pour que l'existence découle de la perfection, il faut que la perfection existe, et qu'ainsi cet argument n'est qu'un cercle vicieux. Mais tenir le (1)

---

(1) *Discours de la Méthode*, IVe partie.

(1) Cette preuve de Descartes se résout dans la suivante que l'auteur trouve très-valable.

langage que voici : — J'ai l'idée de l'infini ; or rien de
fini ne m'a donné cette idée ; l'infini seul a pu me la donner : donc l'infini existe ; — parler ainsi, ce n'est pas
tourner sur place, c'est avancer, c'est faire le plus
grand pas que puisse franchir la raison humaine.

C'est unir la dialectique et la métaphysique, qui ne
sauraient marcher l'une sans l'autre. Chacun assurément
a en lui-même la notion du parfait, et le philosophe
peut s'appuyer sur cette notion pour prouver à chacun
qu'il y a un Dieu. Cependant les intelligences humaines
ne marchent pas de front : les esprits vont à la file, et
les derniers, ignorants, infirmes ou traînards, sont souvent à une distance énorme des premiers. Avec ceux-ci
usez immédiatement des raisons métaphysiques, rien de
mieux ; mais avec les ignorants, et même avec ceux qui
n'ont reçu qu'une demi-culture intellectuelle, avant de
vous servir de l'idée du parfait ou de l'infini, il est indispensable d'éclaircir cette idée. C'est en quoi consiste
la dialectique : par nuances, par gradations, par impulsions ménagées et successives, elle élève les esprits les
plus grossiers à ces conceptions dernières qui sont le
rayonnement même de l'idée de Dieu. Une fois en présence de ces rayons et inondés de la lumière qu'ils ré-
pandent, il faut bien que le disciple ou l'auditeur avoue
l'existence d'un astre caché. Ici encore néanmoins un
grand art est nécessaire. Il importe de savoir que l'intelligence n'est pas seule en nous à recevoir l'influence
et comme l'impression de l'infini. Dès qu'une âme suffisamment préparée a conçu l'idée du parfait, toutes ses
énergies en reçoivent un ébranlement extraordinaire, et
tendent ensemble d'un mouvement puissant vers l'objet
sublime entrevu par la raison. On ne peut qu'indiquer
ici ce point, sans y insister ; mais dans l'étude de ces

mouvements religieux de l'âme, psychologiquement · analysés, peut-être y a-t-il non-seulement de quoi enrichir la théodicée et la renouveler, mais encore de quoi donner à la preuve de l'existence de Dieu toute sa vertu et toute sa force. Platon, le maître de Proclus, avait ainsi compris la science des choses divines. Dans les *Dialogues,* à côté de la dialectique de la raison, il y a une dialectique de l'amour. Certains ravissements des âmes religieuses sont aussi inexplicables sans la puissance d'un attrait divin que l'idée du parfait sans un être parfait qui l'ait imprimée dans la raison. S'il était une fois bien prouvé, — j'entends scientifiquement prouvé par l'observation psychologique, — que l'infini attire l'âme, la réchauffe, l'enlève, de même qu'il l'éclaire, il ne serait plus possible d'identifier cet infini actif et vivant avec une forme vide de l'entendement. Par sa théorie de l'amour, Platon était entré dans cette voie féconde. Ni Plotin ni Proclus ne l'y ont suivi longtemps. Délaissant promptement l'analyse psychologique, ils se sont jetés de côté dans les abstractions. Comment leur dieu-néant aurait-il pu lutter contre le Dieu vivant et aimant du christianisme ? Leur défaite était inévitable. La négation de Dieu ou un dieu abstrait, ne serait-ce pas le mot des philosophies qui meurent et le signal de leur fin prochaine ? Les destinées de l'alexandrinisme dans l'antiquité, celles de l'hégélianisme dans notre siècle, semblent autoriser cette conclusion. On vient de voir où se perdit la théologie de Plotin et de Proclus. Comme eux, Hegel avait pris pour point de départ de sa philosophie l'être indéterminé. De ce principe il a voulu tirer un dieu bien étrange, puisqu'il n'a conscience et ne se réalise que dans l'homme ; mais enfin ce dieu était quelque chose encore. La jeune école hégélienne a jugé

que son maître s'était montré beaucoup trop théologien,
et l'on a vu Feuerbach, Bauer et Arnold Ruge écarter
absolument de la science toute idée religieuse. Ils
étaient plus conséquents qu'Hegel n'avait osé l'être ;
mais depuis eux qu'est devenu l'hégélianisme dans cette
Allemagne qui en était si fière il y a trente ans ?

Proclus termina sa carrière en l'an 487 après Jésus-
Christ. On sait, par la *Chronique* de l'écrivain grec Jean Ma_
lala, que moins d'un demi-siècle plus tard, en 529, un édit
de l'empereur Justinien ordonna la clôture des écoles
de philosophie que l'État entretenait à Athènes. A la disgrâce s'ajouta bientôt la persécution. Les derniers maîtres du néo-platonisme, n'ayant plus la liberté de pratiquer le culte païen auquel ils étaient restés fidèles,
émigrèrent en Perse. Ils y furent accueillis par Chosroès,
roi philosophe, en qui la barbarie et le platonisme formaient une bizarre alliance ; mais, n'ayant rencontré en
Orient que dégoûts et désenchantements, la pauvre
école, attristée, abattue, revint s'éteindre obscurément
à Athènes, où l'air natal ne put la ranimer. La faveur,
les encouragements, un appui sérieux et efficace, eus-
sent-ils réussi à prolonger son existence ? Il est permis
d'en douter. Son principe de vie, l'esprit grec, avait été
peu à peu étouffé par l'esprit oriental. Celui-ci ne s'ar-
rêta qu'à ses extrêmes conséquences, c'est-à-dire aux
négations et aux incertitudes de Damascius (1), qui n'o-
sait plus avoir de Dieu la moindre idée, ni le moindre
soupçon. Est-ce à dire que, pour échapper à cet excès,
la philosophie religieuse doive se jeter dans l'excès con-

---

(1) Sur *Damascius*, voyez d'abord les *Fragments de philosophie
ancienne* de M. V. Cousin, puis les ouvrages de MM. Simon, Ravaisson, Vacherot, H. Ritter, et aussi une assez récente *étude* par M. Ch.
Em. Ruelle.

traire, s'abandonner à un dogmatisme intempérant et abonder en affirmations gratuites et précipitées ? Non certes ; mais jamais la plus extrême prudence ne saurait aller jusqu'à dépouiller la raison du pouvoir qu'elle possède de concevoir la perfection à la fois infinie et vivante. Le triomphe de la science consiste, non à couper les ailes de l'intelligence, mais à en diriger de mieux en mieux le vol. Voilà le grave enseignement scientifique que nous semblent contenir les précieux textes de Proclus, proposés aujourd'hui pour la seconde fois aux méditations des philosophes (1).

(1) Ce morceau a été écrit pour la *Revue des deux mondes* du 15 janvier 1865, à propos de la belle seconde édition des *OEuvres inédites de Proclus*, par M. V. Cousin.

DEUXIÈME ÉTUDE

DES FONDEMENTS PSYCHOLOGIQUES

DE LA MÉTAPHYSIQUE RELIGIEUSE

———

De même qu'il existe un monde invisible que les yeux du corps ne connaissent pas, de même il y a d'autres éclipses que celles du ciel astronomique. Le soleil des (1) intelligences est sujet, comme celui de la nature, à de périodiques obscurcissements. De temps en temps, d'épaisses ténèbres s'interposent entre la raison humaine et les plus éclatantes vérités. En ces moments, la splendeur de Dieu lui-même semble s'effacer et s'obscurcir, sinon disparaître. Quand cette nuit se fait, certains esprits en sont épouvantés, non pour eux-mêmes, car ils croient rester dans la clarté, mais pour ceux que cette nuit enveloppe. Au contraire, et c'est là le malheur, il arrive que ces derniers, non-seulement ne craignent rien et vivent tranquilles, mais encore s'imaginent que les ombres où ils sont plongés sont plus lumineuses que le jour. Alors une lutte s'engage dans laquelle le philosophe, convaincu que Dieu existe, doit prouver, autant qu'il le peut, que la négation de la cause infinie et vivante n'est qu'une éclipse, que cette éclipse, vrai-

ment locale, ne se produit que dans l'intelligence de
l'athée, et qu'enfin, quelle que soit la durée de ce triste
phénomène, l'astre inaperçu ne cesse ni d'être, ni de
briller, nid'exercer sa puissance.

Nous sommes aujourd'hui dans une situation pareille. Pour employer l'expression dont s'est servi récemment M. de Rémusat : « Un souffle d'athéisme a
passé sur l'Europe.» Sous cette influence, on a vu en
peu de temps s'affaiblir la faculté de concevoir les choses
divines et la puissance de les affirmer. Aux yeux de la
philosophie spiritualiste, c'est là un amoindrissement
de la raison humaine et, par conséquent, un mal immense. Les causes de ce mal, on les connaît : le tableau
en a été plusieurs fois retracé dans ces dernières années.
Il serait donc inutile de les énumérer de nouveau. Aussi·
bien, elles peuvent toutes se ramener à une seule ; or,
cette cause unique de l'athéisme contemporain, la voici
en quatre mots : l'esprit humain, à l'heure qu'il est,
regarde trop au dehors, pas assez au dedans. Si Dieu
est, Dieu est une cause, une cause agissante, infinie et
parfaite. Mais ledehors, c'est-à-dire le monde matériel,
ne nous présente ni la cause, ni l'infini, ni le parfait.
Au contraire, le dedans, c'est-à-dire l'âme avec son
caractère de force libre, avec ses idées rationnelles,
nous parle clairement de la cause, de l'infinitude· et de
la perfection : bien plus, l'observation de notre vie
intérieure nous montre la cause parfaite agissant sur
notre âme par des effets que nulle puissance imparfaite
ne saurait produire, et qui attestent avec une autorité
sans égale et une évidence irrésistible l'éminente réalité
de Dieu. On voudrait, dans ce travail, constater premièrement que ni la contemplation la plus enthousiaste
de la nature, quand elle se sépare de la psychologie et

de la métaphysique, ni les sciences physiques et naturelles, réduites à l'emploi des méthodes qui leur sont
propres, n'ont de quoi faire connaître à l'homme la
cause parfaite et première de l'univers; on voudrait, en
second lieu, et principalement, étudier dans l'âme
même, au moyen de l'analyse psychologique, certains
effets qui ne s'expliquent plus, si Dieu n'existe pas, et
remonter de ces effets par l'induction métaphysique, à
la cause infinie qui en est le principe nécessaire.

Bien souvent, depuis le Psalmiste, on a répété que
les cieux racontent à l'homme la gloire de Dieu. Cette
pensée est aussi vraie que belle. Cependant il importe
de la réduire à son exacte valeur et de n'y pas voir
l'unique fondement de la théodicée. Certes, le langage
de la nature, surtout quand elle se pare de toutes ses
grâces et déploie toutes ses beautés, est d'une pénétrante éloquence. Les splendides tableaux qu'elle étale
à nos regards, les mille voix qu'elle fait entendre, dis-
posent singulièrement l'âme à comprendre l'ordre et la
grandeur de l'univers, et à chercher l'auteur invisible
de ses magnificences. Nul philosophe n'ignore pourtant
que le livre de la nature, quelque attrayant qu'en soit le
texte, n'est ni lu par tous les hommes, ni par tous
compris, encore moins expliqué par tous d'une seule et
même façon. Il y faut voir l'esprit sous la lettre. La nature
ne nous offre que la lettre; c'est en nous-mêmes que
nous trouvons l'esprit. Mais pour le trouver au fond de
nous-mêmes, il est nécessaire de regarder dans notre
âme. La nature excite l'homme à chercher Dieu; elle le
lui fait pressentir, deviner, soupçonner; elle ne lui en
apporte pas la conception essentielle.

L'histoire de la religion grecque en est un exemple
et une preuve. C'est là qu'il faut apprendre combien

sont bornés et confus les enseignements que l'humanité
reçoit du spectacle de la seule nature physique au sujet
de la divinité et de ses perfections. Certes, jamais plus
doux pays n'exprima sous des formes plus variées ni
plus ravissantes la puissance d'une cause intelligente,
excellente et sage. Un ciel serein laissait les regards
suivre dans les pures profondeurs de l'éther, le cours
harmonieux des astres; des mers nombreuses, parfois
irritées, mais plus souvent calmes et souriantes, semblaient de toutes parts s'approcher de l'homme, comme
pour lui faire admirer la transparence de leurs eaux et
le rhythme de leurs mouvements; une lumière intense
et limpide, d'heureuses contrées, de gracieuses monta-
gnes, un climat sain et fortifiant, étaient autant de signes
éclatants qui auraient dû manifester aux âmes des Grecs,
dès la plus haute antiquité, l'auteur et l'ordonnateur
de l'univers. Mais on sait quelles furent leurs erreurs.
Ils confondirent Dieu d'abord avec les éléments, puis
avec l'homme. La nature eut beau faire : elle ne sut
leur dire ni que Dieu était un esprit, ni qu'il était parfait,
ni qu'il était unique. Pendant de longs siècles, leurs
idées religieuses ne furent guère que des rêves d'enfant mêlés de quelques lueurs de vérité, et ils ne se
réveillèrent enfin que lorsque Socrate, succédant à
Anaxagore et précédant Platon, vint les contraindre, au
prix de sa vie, à chercher Dieu, non plus dans le soleil,
dans la terre ou dans les eaux, mais dans le sanctuaire
de la conscience.

Impuissante à élever l'intelligence jusqu'à la véritable
conception de Dieu, la nature physique, poétiquement
contemplée ou méthodiquement observée, a-t-elle du
moins la vertu de ramener à l'idée de la cause parfaite
les esprits qui s'en sont détournés, et d'imposer souve-

rainement cette idée à une science rebelle qui la repousse?
S'il en était ainsi, notre siècle qui a porté, qui porte
encore plus loin qu'aucun autre l'amour et la connaissance de la nature, aurait par cela seul de plus fortes
croyances religieuses qu'aucun des siècles antérieurs.
Cependant c'est le contraire qui a lieu, ou du moins, si
quelques représentants de la science contemporaine
persistent à conclure par la scolie générale de Newton,
d'autres, plus nombreux peut-être, se persuadent sincèrement que le monde se suffit, et que ce merveilleux
effet est à lui-même sa cause.

(1)

Lorsque beaucoup d'esprits en sont arrivés à ce point,
il est évident que le philosophe qui veut les ramener à
la théodicée spiritualiste, ne saurait leur proposer avec
de grandes chances de succès, la preuve physique de
l'existence de Dieu. Adressé à des âmes qui n'ont jamais
douté ni de la cause ni de l'infini, cet argument est
plein de force : mais comment les novateurs, qui rejet-
tent les causes et l'infini par de là les limites de la
science, en seraient-ils touchés? Aux métaphysiciens,
qui leur parlent de l'ordre du monde, ces observateurs
des faits matériels répondent hardiment : «Nous connaissons la nature mieux que vous, et nous n'y voyons
pas vos entités chimériques.» Ce n'est donc point par
ce côté qu'il les faut aborder. Mais puisqu'ils sont restés
sensibles à l'évidence des faits réels, positifs et scientifiquement constatés, ces faits fussent-ils invisibles,
c'est-à-dire purement psychologiques, un moyen reste,
à ce qu'il semble, de réveiller leurs facultés religieuses.
Ce moyen, c'est de leur montrer dans l'homme tout un
ensemble de faits religieux ou moraux plus évidents,
plus certains encore que les phénomènes physiques;
c'est d'établir ensuite rigoureusement que la cause de

ces faits, nécessaire et infinie, est aussi positivement et réellement existante que ces faits eux-mêmes. Nous allons essayer ici, selon nos forces, ce genre de démonstration. Il n'est point nouveau : les maîtres anciens, modernes, actuels, ont tour à tour employé cette méthode au grand profit de l'humanité. Nous ne prétendons qu'au modeste honneur d'en vérifier une fois de plus l'heureuse efficacité.

«L'homme est un animal politique», a dit Aristote, dans son langage bref et vigoureux. Vive expression d'une vérité incontestable, ce mot est resté. Le philosophe aurait pu dire encore : «L'homme est un animal religieux.» Le mot serait également resté, et pour la même raison. En effet, l'homme est religieux par toute son âme; chacune de ses puissances porte l'empreinte de ce caractère; chacune de ses facultés subit, et atteste en la subissant, l'influence de l'action divine.

Des facultés de l'homme, l'intelligence est la première à recevoir l'impression de la divinité. Ce qu'on nomme, d'un terme vague, le sentiment religieux, est un fait complexe dans lequel en un instant presque indivisible si l'on veut, la conception précède néanmoins l'émotion, car l'âme ne saurait ni aimer, ni désirer ce qu'elle ignore absolument. Ainsi voyons d'abord comment Dieu se met en rapport avec notre intelligence.

J'ai l'idée de l'infini. Au premier aspect, cette idée est très-confuse. Si j'y attache quelque temps le regard de ma raison, elle s'éclaircit et devient l'idée de la perfection. Si je médite sur l'idée de perfection, elle s'éclaircit à son tour et devient pour moi l'idée de quelque puissance à laquelle rien ne manque : par exemple, l'idée d'une intelligence à laquelle rien n'est inconnu, ni de ce qui est, ni de ce qui a été, ni de ce

qui sera. Comment une telle intelligence connaît tout,
je ne le comprends pas; mais qu'une intelligence parfaite connaisse tout, je le conçois. Or cette conception
est un fait psychologique aussi certain, aussi réel, aussi
positif que la perception du soleil quand je le regarde.

Soit, répondra-t-on. Mais qu'en pouvez-vous conclure? Qui vous assure que l'objet de cette idée existe
réellement? Psychologue crédule que vous êtes, de
quel droit affirmez-vous la réalité extérieure et objective de votre conception?

Il est vrai, répondrai-je, la psychologie m'enferme en
moi-même et m'y laisse. Mais mon esprit a un moyen
d'étendre sa vue bien loin au delà des limites de sa
prison. Ce moyen, c'est le principe de causalité. Vous
niez peut-être ce principe; mais comme tout en le niant,
vous vous en servez tous les jours, souffrez que, plus
conséquent que vous, je l'affirme et m'en serve à la fois
et que j'en use de la même façon que Descartes lui-
même, en sa première preuve de l'existence de Dieu.
Cette preuve, aujourd'hui justement considérée comme
la plus forte de toutes, parce qu'elle est la seule qui se
suffise à elle-même, se ramène aux termes suivants:
«J'ai l'idée du parfait. Il est impossible que cette idée
vienne du néant. Une cause la produit donc en moi.
Mais cette cause, ce n'est ni moi-même qui suis imparfait, ni aucun être autre qu'un être parfait : cet être
parfait c'est Dieu. Donc Dieu existe. »

En procédant ainsi, Descartes avait déployé les plus
hautes puissances de la raison, atteint l'évidence et
fondé la certitude. Et pourtant quelque chose manque
à cette admirable preuve : quelque forte et inébranlable
qu'elle soit, elle l'est plus encore qu'elle ne le paraît; la
solidité apparente n'en égale pas la solidité réelle. De

même que les temples de la religion doivent être non-
seulement fermes sur leur base, mais encore, comme
disent les architectes, solides à l'œil, afin que les fidèles
s'y croient en sûreté, de même la preuve de l'existence
de Dieu, ce temple de la raison religieuse, doit révéler
par sa structure qu'elle est en état de défier tous les
efforts du scepticisme, et que l'âme s'y peut abriter avec
confiance. Si Descartes eût analysé, décrit minutieuse-
ment son procédé, au lieu de se borner à l'employer,
il l'eût rendu inattaquable.

En effet, qu'y a-t-il dans sa preuve? Trois éléments :
1° un fait psychologique : la conception du parfait;
2° un autre fait psychologique : l'affirmation du principe
de causalité, plus l'affirmation de la valeur logique de
ce principe; 3° le passage de la conception du parfait à
la cause de cette conception. Ces trois éléments une
fois mis en pleine lumière, pour renverser, ou seulement
pour refuser d'admettre la preuve de l'existence de
Dieu, le sceptique est tenu de démontrer : 1° que je n'ai
pas l'idée du parfait; 2° que le principe de causalité n'a
aucune valeur; 3° que la raison ne peut légitimement
s'élever de l'effet à la seule cause qui l'explique. Mais
cette triple démonstration, le scepticisme ne l'a jamais
produite et, aussi longtemps qu'il ne l'aura pas apportée,
la preuve de l'existence et de la réalité de Dieu par la
conception du parfait restera debout.

Toutefois, même sous cette forme plus développée,
et avec cette énumération des procédés particuliers qui
la constituent, elle n'est pas encore complète. Une raison sévère ne l'acceptera définitivement qu'après avoir
reconnu qu'aucun autre objet que Dieu lui-même n'a la
vertu de susciter dans la raison la conception du parfait.
Ici Descartes est encore trop bref et laisse à ses plus

humbles disciples le devoir d'ajouter quelque chose à
sa pensée. Or, ce qu'il y faut ajouter, selon nous, c'est
un examen critique de certains objets infinis, soit en
réalité, soit seulement en apparence, dont l'idée ne
saurait fonder la preuve de l'existence de Dieu, parce
que cette preuve s'appuie non sur l'idée d'infini, mais,
ce qui est très-différent, sur la conception de la perfection infinie. Essayons nous-même de faire cet examen.

On entend chaque jour les savants et même les philosophes donner la qualification d'infini à d'autres objets
que Dieu. Il y a l'infini du temps, l'infini de l'espace,
l'infini mathématique et même, aux yeux de quelques-
uns, l'infini physique, c'est-à-dire l'infini du monde
matériel ou du *cosmos*, ainsi qu'on le nomme d'un mot
emprunté aux Grecs. Aucune de ces choses infinies ou
prétendues telles ne saurait ni épuiser, ni par conséquent expliquer notre conception rationnelle de la
parfaite infinitude.

Et d'abord, le temps infini, envisagé en lui-même et
uniquement à titre de condition objective et réelle des
événements, est-il la véritable cause de notre idée de
l'infini? Il faudrait, pour cela, que le temps infini, pris
en lui-même, fût identique avec la perfection. Or, si la
perfection implique la durée, la réciproque n'est pas
nécessaire, et l'on n'est jamais reçu à dire que la durée
infinie, pure, nue, vide, emporte avec elle la perfection.
Le temps infini existe incontestablement; c'est une
réalité indéfinissable, mais c'est une réalité. Toutefois,
ma raison ne consent à lui attribuer rien de ce qui
mérite le nom de perfection dans le langage des hommes.
Il m'est impossible d'affirmer ou seulement de concevoir que le temps soit intelligent, ou bon, ou juste.
Ainsi, quoique infini, le temps n'est point parfait, et ce

n'est pas le temps infini qui est la cause de l'idée de Dieu.

Cette cause, la trouverons-nous dans l'espace infini, dans l'étendue immense et sans bornes? Pas davantage. On ne veut certes pas nier ici l'existence de l'espace. L'espace est une réalité métaphysique et non point un rapport de situation ou de distance entre les corps, comme Leibniz l'a vainement soutenu, puisque, à supposer tous les corps anéantis, l'espace resterait encore vide, il est vrai, mais réel et infini. Pourtant, tout réel qu'il soit, l'espace infini n'est point un être ni un attribut. Il n'est par conséquent ni l'être parfait, ni une perfection de l'être, ni la perfection même, laquelle est un attribut, ou n'est rien. Comment n'étant ni un être, ni un attribut, l'espace infini produirait-il dans ma raison l'idée du parfait? L'espace infini n'est donc pas la cause objective de cette idée.

Que dirons-nous maintenant de l'infini mathématique? Les savants appellent de ce nom certaines quantités plus grandes ou plus petites que toute quantité assignable. Descartes, dans son traité des *Principes de la philosophie*, rencontrant sur son passage de telles quantités, a refusé, lui, mathématicien de génie, d'y reconnaître le véritable caractère de l'infini : « Et pour nous, a-t-il écrit, en voyant des choses dans lesquelles, selon certains sens, nous ne remarquons point de limites, nous n'assurerons pas pour cela qu'elles soient infinies, mais nous les estimerons seulement indéfinies. » Descartes a eu raison : ce faux infini des mathématiques, n'est que l'indéfini. On n'en peut rien tirer, ajouterons-nous, ni pour ni contre la perfection infinie avec laquelle il n'a rien de commun.

Il ne nous reste plus qu'à examiner si le monde physique est infini, et si notre conception de l'infini n'est

8.

point tout simplement l'effet de la connaissance du monde physique. L'esprit humain est exposé, de notre temps, à des séductions dangereuses et à de redoutables éblouissements. Autour de lui, les horizons reculent, les abîmes s'ouvrent, les prestiges abondent. Une science puissante le prend sur ses ailes, l'enlève dans les cieux, le porte d'astre en astre, de système en système, et lui dévoile, d'une main sûre, les mystères de l'immensité. A l'aspect de ces grandeurs éclatantes, comment n'être point pris de vertige, comment ne pas croire à l'infini de cette sphère « dont le centre est partout et la cir-conférence nulle part » (1) ? Comment ne point courber le front et n'adorer point ce cosmos qui tout en nous inondant de sa lumière, écrase notre petitesse et semble, par sa splendeur et sa puissance, égaler la nature à la divinité ? Mais c'est à ce moment qu'intervient la méta-physique. A la science enivrée de ses imaginations elle oppose les enseignements mêmes de la science ; elle lui rappelle que chaque monde est borné, mobile dans l'espace, changeant dans sa forme, imparfait par con-séquent ; elle en conclut que l'univers, composé d'élé-ments imparfaits, est nécessairement imparfait lui-même. Au lieu de surfaire le monde et de l'enfler, tout en l'admirant, elle le réduit à sa mesure, et montre enfin que notre idée de la perfection n'a là ni son objet ni sa cause.

Voici donc, pour terminer sur ce point, le dilemme que la métaphysique est en droit de poser à la science : il faut, de deux choses l'une, ou que vous disiez que l'idée du parfait, qui est positivement en nous, n'a point de cause ; — ou que vous reconnaissiez que cette idée a

(1) Pascal, *Pensées.*

pour cause un être parfait qui n'est ni l'homme, ni l'espace, ni le temps, ni l'infini mathématique, ni l'univers.

Et maintenant puisque le parfait produit l'idée que j'ai de la perfection, le parfait est une cause. Puisque le parfait est une cause parfaite, il est nécessairement une cause intelligente, car sans intelligence, il serait imparfait. L'intelligence sans conscience est imparfaite : le parfait est donc une cause consciente d'elle-même. Ce n'est pas tout : l'idée que j'ai du parfait est le résultat de l'action exercée par le parfait sur ma raison. Le parfait est donc une puissance non-seulement existante, mais encore vivante, car agir, c'est essentiellement vivre. On le voit donc : il y a une action de Dieu sur mon intelligence, et cette action démontre que Dieu est non une idée, non une catégorie logique, non un pur concept, mais un être réel, le plus vivant de tous les êtres.

Mais si l'action du parfait sur la raison humaine est positive, certaine et féconde en conséquences, n'y a-t-il pas aussi quelque action de Dieu sur notre sensibilité qui rende manifeste par un signe nouveau la réalité de la cause parfaite et vivante ?

Lorsque la cause infinie et parfaite a été plus ou moins clairement conçue, cette conception excite dans l'âme de nombreux phénomènes de sensibilité. L'analyse et la description de ces phénomènes formeraient à elle seule un chapitre long et très-important de psychologie religieuse. Obligé de nous restreindre, nous n'étudierons cette fois que celui de ces sentiments qui, sous sa triple forme et à ses trois degrés, s'appelle le goût, le désir et l'amour de la perfection divine.

Les maîtres de la philosophie grecque s'étaient bien gardés de laisser dans l'ombre ce grand et saisissant

Cette déd... ...n est très exacte. Mais l'auteur, au lieu d'affirmer simplement que nous avons l'i...

aspect de la théodicée. Et en effet, quel tort ne fait-on pas à la science de Dieu, quand on en retranche tout ce qui intéresse l'âme et la touche au vif! Sans doute nulle science n'a plus que celle-là besoin de sévérité et de rigueur ; mais réduite à la sécheresse de l'algèbre, elle perdrait de sa force et les géomètres n'en seraient ni plus ni moins épris. Le géomètre Platon l'avait senti : sa théorie de l'amour est aussi célèbre que profonde et brillante. Aux yeux de l'auteur du *Phèdre* et du *Banquet*, ce que l'homme, cet ancien hôte du ciel exilé sur la terre, goûte, désire, aime dans les êtres mortels, c'est uniquement quelque lointaine ressemblance avec Dieu jusqu'au jour où, ayant retrouvé tout entiers ses souvenirs d'en haut, il se détache des affections terrestres, et ne goûte, ne désire, n'aime plus que le bien absolu lui-même. Ainsi, et quoiqu'en y mêlant la gratuite hypothèse de la réminiscence, Platon a constaté et décrit la puissance souveraine de l'attrait divin. En ce point, comme en tant d'autres, l'austère Aristote a imité son maître, non toutefois sans modifier la pensée de Platon. Le Dieu de la *Métaphysique* est le premier intelligible, mais il est aussi le premier désirable. Il meut les êtres par le désir qu'excite sa beauté, et c'est par le désir qu'à ce principe excellent et vivant sont suspendus le ciel et toute la nature, avides de s'élever jusqu'à l'objet de leur amour. Il serait trop long d'indiquer ici, même brièvement, les nombreux systèmes de philosophie païens ou chrétiens, et surtout mystiques, où l'on trouve distingués et comptés les degrés et les phases de l'amour divin. Si le phénomène est réel, regardons au fond de notre conscience, et nous l'y trouverons infailliblement.

Pour découvrir ce que nous cherchons, faisons l'ex-

périence suivante : après avoir conçu l'idée de l'intelligence parfaite, maintenons cette idée en présence de
notre raison ; pensons-y longuement, attentivement, et
examinons si cette pensée n'est pas accompagnée ou
suivie de quelque sentiment, de quelque émotion.

Mais quoi ! la perfection absolue est difficile à contempler : quand la raison s'élève d'emblée à de telles
hauteurs, trop de lumière éblouit sa vue. Il faut donc
que l'âme exerce d'abord ses regards sur un objet
moins éclatant, et que, usant de la dialectique platonicienne, elle se mette en rapport avec une intelligence
puissante et belle, mais imparfaite et finie, et qu'elle
constate ce que cette intelligence lui fait éprouver.

Quel est celui qui, ayant la rare fortune de vivre assidûment avec un grand esprit, ne goûte dans cette société de vives et exquises jouissances ? Le rayonnement
de cette intelligence supérieure le charme, l'enchante.
Les moments qu'il passe auprès d'elle, il les met au
nombre des plus heureux de sa vie. Séparé d'elle, il
désire ardemment la retrouver ; il aspire à goûter encore
les fruits de cet inépuisable talent ou de ce fécond
génie. Est-ce tout ? Non certes ; il s'attache fortement à
cette intelligence qu'il admire, il l'aime d'une affection
profonde et pure. Il y a plus : nous nous surprenons à
aimer même les génies des temps passés, à regretter de
ne les avoir pas connus, et à souhaiter de les rencontrer
quelque jour dans les sereines demeures qu'ils habi-
tent.

Mais la belle intelligence que je viens de dépeindre,
possédant à ce degré le don de charmer, d'entraîner et
d'attacher celui qui la connaît, n'est encore qu'une intelligence humaine. Sa science est incomplète ; ses
vues, quoique vastes, ont des limites ; cette vigoureuse

raison se fatigue souvent et quelquefois se trompe. Si
haut que la place celui qui l'a prise pour guide, il ne
peut s'empêcher de la déclarer infiniment plus petite et
plus faible qu'une autre intelligence qu'il conçoit et
dont la science est achevée et immense, les vues sans
bornes, la puissance infatigable et les jugements infail-
libles ; eh bien, cette intelligence parfaite, qu'il se la
rende présente autant qu'il est en lui ; qu'il la cherche,
la poursuive et, selon ses forces, la retienne devant son
esprit par la pensée, qu'il s'en raconte à lui-même les
perfections sans craindre de la surfaire, car il ne le
pourrait. Quand il aura persévéré quelque temps dans
cette contemplation, nous osons le défier de ne point
admirer, de n'être point ravi, de ne point désirer mieux
connaître l'objet qu'il a conçu, et enfin de ne pas l'aimer mille fois plus qu'il n'aimait le grand esprit, le beau
génie de tout à l'heure.

Voilà des phénomènes positifs, incontestables. En
psychologie comme en physique, un fait est un fait, et
quiconque nie un fait observable pour chacun, nie
l'évidence. On objectera peut-être que ces phénomènes
de sensibilité religieuse, on ne les éprouve pas. Instituez
en vous-même, répondrons-nous, l'expérience qui vient
d'être décrite et vous aboutirez aux résultats qu'elle a
produits. Et, si un premier essai demeure infructueux,
recommencez plusieurs fois : la chose en vaut la peine.
Que diriez-vous d'un philosophe qui nierait la composition de l'air et refuserait obstinément d'assister aux
expériences qui la démontrent ; ou qui, une première
expérience ayant mal tourné sous ses yeux, condamne-
rait sans autre examen et l'opérateur et sa théorie ?

Varions donc nous-mêmes l'expérience , selon le
précepte de Bacon et, afin de distinguer le sentiment

religieux de ce qui n'est pas lui, tâchons de l'isoler des sentiments qui lui ressemblent le plus.

Chacun a éprouvé, même dès la jeunesse, que les objets de nos adorations et de nos amours perdent toujours à être mieux connus. Toute affection, en son printemps, a comme un ciel où elle plane avec l'être qu'elle a divinisé. L'illusion dure plus ou moins dans sa force; mais, tôt ou tard, les défauts se laissent voir, les imperfections se dévoilent, le charme va s'affaiblissant. Supposez que de ces qualités d'abord centuplées par l'enthousiasme de la passion, il reste encore assez pour fonder un attachement sérieux et durable, l'estime aura pourtant remplacé l'ardente admiration; on sera soutenu, porté, mais non transporté; on marchera, mais on n'aura plus d'ailes. Et si l'erreur a été complète, quel prompt désenchantement et quel chute ! Avec la perfection elle-même, c'est le contraire qui a lieu : qu'on l'analyse tant qu'on voudra, son essence défie la critique; plus on la contemple, plus on y trouve à admirer et plus fortement on s'en éprend et s'y attache.

Voici un autre aspect du phénomène. C'est une grande loi constatée par la science psychologique que l'habitude affaiblit la passion même la plus forte, la plus pure et la mieux justifiée, et la change en un simple besoin dont la satisfaction est désormais sans plaisir, quoique la privation en fasse une peine. Ainsi nos jouissances s'usent et s'émoussent par la répétition et l'accoutumance. Il en est de même de nos affections, à moins que la nature n'en ait formé les liens indissolubles, ou que les êtres que notre sympathie a choisis ne nous fournissent, en grandissant et se perfectionnant sans cesse, des raisons (2) toujours nouvelles de les aimer. Mais ceux qui, philosophes ou simples croyants, se complaisent chaque jour.

(1)   et que amour ce a sur 10, au moins.

2) C est ce qui rare très rare

à méditer sur l'intelligence et la bonté parfaites, y pensent assez pour les admirer et les admirent assez pour s'en éprendre, ceux-là savent de science certaine que l'habitude (je ne dis pas la routine), loin d'éteindre leurs sentiments religieux, les avive et les fortifie.

Les émotions que produit dans l'âme la conception de l'être parfait sont donc profondément distinctes de celles qu'excitent les perfections humaines, si grandes qu'on les suppose. Le fait suivant achèvera de le montrer. L'homme a soif de bonheur : sur ce point, toutes les philosophies sont d'accord. Mais de quel bonheur l'homme a-t-il soif? C'est ici que l'on se sépare et qu'un abîme se creuse entre Épicure et Platon. Mais laissons Platon et Épicure, prenons un homme d'un esprit ordinaire et posons-lui cette simple question : Seriez-vous heureux de posséder une intelligence sans bornes, un pouvoir infini, et de vivre toujours en goûtant la suprême joie d'exercer sans obstacle de telles facultés? On peut gager mille contre un que la réponse sera affirmative. Ainsi notre raison conçoit la perfection infinie comme le bonheur même. Ce bonheur une fois conçu, l'âme le prend pour type de la félicité et aspire à s'en rapprocher de plus en plus, dans la mesure de ses puissances finies. De là ses immenses désirs et ses immortelles espérances. Évidemment, ni ce monde borné, ni les êtres qu'il renferme ne rendent raison de ces espérances et de ces désirs. Il n'y a que l'idée de la perfection qui les puisse expliquer et produire.

Voilà donc un ensemble de phénomènes de sensibilité qui ont pour caractère essentiel d'être excités par la conception de l'être parfait, et de ne pouvoir être excités que par cette conception. Mais cette conception, on l'a prouvé plus haut, est l'effet de l'action exercée sur notre raison par une cause réelle et vivante, qui est la perfection infinie. D'où il suit que l'émotion religieuse est elle-même produite dans l'âme par l'être parfait, et manifeste avec force la vivante réalité de Dieu. La voix secrète qui proclame le Dieu vivant parle d'abord à la raison de l'homme; mais, tout aussitôt, elle retentit dans son cœur; et, plus la raison est attentive à cette voix, mieux le cœur l'entend.

Il y a plus : bien écoutée, cette voix parle encore à notre liberté. C'est sur ce troisième et dernier point qu'il nous faut maintenant porter notre analyse.

Si quelque chose au monde force la raison à reconnaître l'existence d'un Dieu vivant, c'est l'idée de la loi morale. Devant cette conception, le scepticisme de Kant a reculé et s'est modifié jusqu'à se démentir. Voyons nous-mêmes, en partant de l'expérience psychologique, comment le principe du devoir atteste la réalité de Dieu par son action sur l'âme humaine.

A supposer que Dieu ne soit pas, la loi morale, avec les caractères qui la constituent essentiellement, pourrait-elle encore être conçue et affirmée par la raison humaine? Nous ne le pensons point, et nous allons dire pourquoi.

Envisagée d'abord dans son rapport avec la raison, la loi morale est revêtue d'un triple caractère : elle est nécessaire, universelle et éternelle. Elle est nécessaire en ce que le contraire de cette loi est une absurdité manifeste qui répugne au sens commun et que la raison repousse de toute l'énergie qui est en elle. Est-il, en effet, un seul homme et surtout un seul philosophe qui pût consentir à accepter un principe tel que celui-ci? « Le devoir consiste à faire le mal. » En second lieu, la loi morale est universelle. Elle est universelle par cela seul, qu'elle est nécessaire : mais, en outre, on ne comprendrait pas qu'un seul être libre et raisonnable fut dispensé d'obéir à cette loi. Enfin, elle est éternelle, car il ne se peut qu'à un seul moment de la durée cette loi n'ait pas existé ou ait été fausse.

Or maintenant, qu'est-ce qu'une loi nécessaire, universelle et éternelle ? C'est une vérité nécessaire, universelle et éternelle. Et une vérité qui a ces caractères est une vérité parfaite, absolue, réellement existante. Mais qu'on y réfléchisse : une vérité, quelle qu'elle soit, et surtout une vérité parfaite, n'est existante et réelle qu'à la condition d'être affirmée par un esprit ; sans cela, elle n'est ou elle a pu n'être qu'une vérité virtuelle, une pure possibilité ; et une pure possibilité n'est pas une chose éternellement nécessaire. Il faut donc que la loi morale, à ne la considérer que comme une vérité, soit éternellement affirmée par un esprit. Mais l'esprit éternel, c'est Dieu. Dieu est par conséquent la réalité substantielle de la loi morale. Par conséquent encore, si vous niez Dieu, vous enlevez à la loi morale sa réalité, sa nécessité, son éternité et, du coup, vous l'anéantissez. Ainsi le choix n'est pas permis ; il faut affirmer à la fois Dieu et la loi morale, ou nier l'un et l'autre.

Il résulte de là, que la loi morale est par nous conçue à titre de vérité éternelle, c'est-à-dire comme une affirmation de l'intelligence parfaite. Mais, nous l'avons précédemment prouvé, la conception du parfait est produite en nous par le parfait lui-même. D'où il faut conclure que cet acte de l'intelligence parfaite qui s'appelle l'éternelle affirmation de la loi morale, n'est conçu par nous que grâce à une action exercée par la raison parfaite sur notre imparfaite raison.

Allons plus loin. Par rapport à la raison, la loi morale

est une vérité nécessaire ; par rapport à la liberté, cette loi est un principe obligatoire. Nier la loi du devoir, c'est être absurde ; la violer, c'est être coupable ; être coupable, c'est être imparfait. Mais un être qui éternellement se conformerait à l'obligation morale, serait un être parfait ; il aurait la volonté parfaite. Je conçois un tel être : j'ai donc l'idée d'une volonté parfaite.

Cette conception de la volonté parfaite sollicite la pensée et la captive fortement. Dès qu'on l'a entrevue, malgré soi on s'y arrête ; on ne peut s'empêcher de l'approfondir. Prétendre l'épuiser serait trop téméraire. Mais à n'y prendre que ce qui est accessible à notre raison, voici pour le moins ce qu'on y voit. Ce ne serait point être tout parfait que d'affirmer éternellement la loi du bien, de vouloir même l'accomplissement de cette loi, sans l'accomplir soi-même. La raison parfaite doit être aussi la volonté parfaite, et, comme telle elle doit faire elle-même le bien qu'elle veut et prescrit. La volonté parfaite est donc elle-même le bien en acte, le bien toujours accompli, le modèle vivant du bien, le bien dans sa perfection à la fois idéale et vivante.

Maintenant redescendons un instant de ces hauteurs. Au lieu de contempler la volonté absolument parfaite cherchons parmi les hommes celui dont la volonté nous paraîtra se rapprocher le plus ou s'éloigner le moins de la perfection. Un tel homme est ce qu'on appelle un beau caractère. Cherchons bien : il s'en trouve encore de pareils ici-bas. Ce noble caractère une fois rencontré, attachons-nous à lui, lions notre destinée à la sienne, écoutons ses discours, suivons ses conseils, recueillons les exemples de sa vie loyale et pure. Et puis examinons en psychologue attentif ce qu'il sera advenu de nous.

Évidemment, au bout d'un certain temps, nous aurons pris l'habitude d'imiter notre modèle. Cette habitude sera l'œuvre de notre libre volonté ; mais, prenons-y garde, notre volonté n'en aura pas été l'unique ouvrière. Ce que l'on voit faire tous les jours, à toute heure, on n'a pas toujours besoin de le vouloir faire soi-même : on arrive à le faire involontairement, instinctivement. Peu à peu, à notre insu, par une sorte d'heureuse contagion, par je ne sais quelle influence insensible et pénétrante, par une impression que j'oserai appeler plastique, nos actes, nos gestes, notre attitude, les intonations de notre voix, notre conduite, notre personne, tout en nous se sera façonné d'après ce modèle aimé dont l'image remplit nos regards et notre pensée. C'est là un fait psychologique de la plus haute importance. Nous pourrions le montrer dans une foule d'exemples historiques et mémorables, ou simplement familiers et quotidiens. Les conséquences en seraient nombreuses. Nous n'en voulons constater qu'une, c'est que la perfection morale, ne fût-elle qu'humaine et imparfaite, a, par le seul effet de la fréquentation, le pouvoir merveilleux d'améliorer les âmes qui l'approchent et de les informer et sculpter à sa propre ressemblance. (1)

Cette puissance de se refléter en dehors de soi-même, cette fécondité mystérieuse, qui, à la vertu par nous voulue et péniblement enfantée, ajoute une vertu inculquée, inconsciente, spontanée, cette faculté dont les grandes âmes humaines sont douées de s'imprimer sur d'autres âmes, la perfection divine en serait-elle donc dépourvue ? A priori, cela ne se peut. Mais consultons aussi, sur ce point, l'expérience. Celui qui vient de lire quelqu'une de ces pages immortelles où brille un rayon de la perfection divine, par exemple, les pa-

(1) De là vient la ressemblance des enfants avec leurs parents, pour les idées le caractère les ... ... Dieu et surtout nous

roles inspirées de Diotime dans le *Banquet*, celui-là
sentira au fond de lui-même une émotion puissante, un
trouble fécond ; il sera agité, non-seulement du désir,
mais du besoin de produire le bien, et comme le dit si
fortement Platon, il brûlera d'enfanter des vertus. Sous
cette impression les actes héroïques, les sublimes sacrifices, lui paraîtront faciles et il osera les accomplir. Ces
élans sont rares, nous ne l'ignorons pas, mais celui qui
a su en reconnaître la véritable cause, possède par là
même le moyen de les rendre plus fréquents, et ainsi
d'élever et d'agrandir sa vie. Il peut encore, s'il le veut,
se placer assidûment en face de ce modèle parfait, en
recevoir l'impression fréquente et fonder en lui-même
cette disposition permanente au bien qui communique à la
vertu l'aisance, le naturel, la grâce, et la plus ravissante
spontanéité. Et, telle est l'énergie fécondante de la perfection idéale sincèrement aimée, qu'il n'est point nécessaire d'être philosophe et de lire Platon pour en
ressentir les effets. Ces effets se manifestent dans les
âmes les plus simples. Une illustre compagnie couronne
chaque année d'humbles et pauvres gens dont le dé-
vouement parfois se hausse jusqu'aux proportions de
la sainteté. Souvent tout ce qui les entoure est médiocre : ils n'ont pas lu Plutarque, cet instituteur des
grands caractères ; beaucoup ne savent pas lire ou n'en
ont pas le temps. Ils ne savent qu'une chose, c'est que
Dieu est bon, qu'il fait le bien et qu'il faut l'imiter. Voilà
leur modèle ; ils n'ont que celui-là, mais celui-là suffit.

Le phénomène que l'on vient de décrire n'est autre
chose que le plus haut développement de ce qu'on
nomme en psychologie le penchant au bien. Ce penchant qu'il appartient à l'homme d'accroître ou d'affaiblir, de combattre ou de seconder, ne contraint pas la

liberté : il lui prête secours seulement avant et pendant
l'effort qui tend à l'accomplissement des actes vertueux.
Mais là ne se borne pas cette divine influence. Elle re-
paraît sous une forme non moins évidente, non moins
éclatante, dès que l'acte bon ou mauvais est consommé.
Cette forme, c'est le remords ou la satisfaction morale,
selon le caractère de l'acte accompli.

Il y a deux éléments dans le remords ; une désapprobation et une souffrance ; il y a aussi deux éléments
dans la satisfaction morale : une approbation et un inex-
primable plaisir. De ces deux éléments, le premier,
dans l'un et l'autre cas, est un jugement, un fait intellectuel ; le second est un sentiment, un fait de sensibilité. Considérons d'abord le fait intellectuel. Le jugement par lequel l'homme qui a failli se condamne
lui-même, se ramène toujours aux termes suivants :
j'ai violé la loi morale. Cette loi morale, si c'était lui
qui l'eût faite, il dépendrait de lui de la défaire ; si
c'était lui qui l'eût portée, il dépendrait de lui de l'abro-
ger et tout aussitôt le remords cesserait. Mais voici que
lorsqu'il essaie de nier cette loi, il ne s'en croit pas lui-
même, et il est forcé de nier sa négation. Bien plus :
que ses semblables osent l'approuver, qu'ils aillent
jusqu'à l'applaudir, au premier moment, ce bruit ex-
térieur assourdira peut-être le coupable et étouffera la
voix de sa conscience. Mais vienne la silence, ou la
disgrâce, ou l'abandon, non-seulement il méprisera
ses flatteurs, mais il se méprisera lui-même d'autant
plus qu'il les aura plus écoutés. Or si la désapprobation
de lui-même s'impose au coupable de par la loi morale
et si, comme nous l'avons plus haut montré, la loi morale n'est que l'ordre imposé à la liberté par une raison infiniment parfaite, le remords en sa partie in-

tellectuelle, prouve Dieu comme l'effet prouve sa cause.
Une analyse pareille appliquée, en sens inverse, au
jugement que l'homme qui a bien fait porte sur lui-
même, aboutirait à un pareil résultat.

Passons maintenant à l'élément du phénomène qui se
rapporte à la sensibilité. En même temps que le coupable se condamne, il souffre, et l'on sait à quel degré de
violence peut aller ce genre de douleur. Cette cuisante
souffrance, est-ce le méchant qui volontairement se
l'inflige ? S'il était le maître de se l'infliger, il serait également maître d'y échapper. On prétend que certains
hommes réussissent à s'y soustraire : comment prouve-
t-on cela ? Ce qui se passe au fond de l'âme d'un scélé-
rat en apparence impassible, qui le sait ? Admettons au
surplus l'existence de quelques monstruosités morales,
que s'ensuivra-t-il contre la vérité d'une loi proclamée
par la conscience universelle ? Laissons ces exceptions
qui ne sont point assez prouvées. Demandons-nous plutôt de quoi souffre au juste le coupable en proie au
remords. Fût-il en sûreté, n'eût-il rien à redouter de la
justice des hommes, il souffrirait encore, au moins par
instants, d'avoir violé l'ordre moral. Cet ordre moral,
il en a l'idée. Cette idée il ne l'a point créée ; ses semblables ne l'ont pas créée plus que lui. Redisons-le une
dernière fois : la loi non écrite comme l'appelait Socrate,
n'est point une œuvre humaine ; c'est une œuvre divine,
un type divin qui nous sert à juger les lois humaines,
reflets plus ou moins pâles de cette sublime lumière.
Mais la peine du remords est la conséquence de la loi
suprême violée, et violée parce qu'elle a été connue. Le
remords prouve la conception de la loi morale, et la
conception de la loi morale prouve le Dieu juste qui
la révèle à notre raison. Et la même méthode ferait sortir

la même conclusion de l'étude du phénomène qui porte le nom de satisfaction de la conscience.

Rattachés ainsi à leur cause première, ces deux grands faits de notre vie intérieure, le remords et la satisfaction de conscience, acquièrent une importance métaphysique considérable. A ce point de vue, ils apparaissent comme les effets d'une puissance divine qui par notre raison qu'elle éclaire et par notre sensibilité qu'elle émeut, exerce son action jusque sur notre liberté, sans toutefois la contraindre. Ce n'est plus ici seulement l'intelligence, c'est l'homme invisible tout entier qui montre la marque de l'ouvrier empreinte sur son œuvre.

Nous ne pousserons pas plus loin cette recherche. Les précédentes analyses suffisent au dessein que nous nous étions proposé. Il ne nous reste donc plus qu'à les résumer et à conclure brièvement.

L'observation psychologique découvre au fond de la conscience un ensemble de faits qui tous ont un commun caractère et doivent être nommés faits religieux. Ces phénomènes qui appartiennent à nos trois facultés, ont pour principe la conception de l'être parfait. En effet, selon que cette conception demeure obscure, s'éclaircit ou se voile, les phénomènes religieux sommeillent, s'éveillent et s'exaltent, ou semblent s'évanouir. Mais la conception de l'être parfait exige une cause nécessaire qui ne peut être que la perfection infinie réellement existante. C'est donc Dieu qui, par l'idée de lui-même qu'il a imprimée dans notre raison, produit en nous les phénomènes qui croissent ou décroissent comme la clarté de cette idée. Ces phénomènes religieux proclament ainsi l'existence réelle de la perfection, comme l'effet proclame la cause,

Nous voudrions avoir réussi à établir solidement ces conclusions. Ce ne serait pas sans doute, avoir composé, pas même avoir esquissé une théodicée. Mais ce serait peut-être avoir mis en lumière toute l'énergie féconde, et par conséquent, toute la valeur objective de la conception du parfait. Ce serait peut-être aussi avoir montré que l'idéal divin est vraiment un Dieu vivant (1).

(1) Ce morceau a été lu à l'Académie des sciences morales et politiques, dans la séance du samedi 11 mars 1865.

TROISIÈME PARTIE

DEUX PHILOSOPHES CONTEMPORAINS

I

M. PH. DAMIRON

SA VIE ET SES OUVRAGES.

(Écrit en février 1862, pour le *Journal de l'instruction publique*.)

La mort de M. Damiron est, depuis celle de Jouffroy, la perte la plus sensible qu'ait faite la philosophie française. La foule attristée d'hommes éminents et de fidèles disciples qui se pressaient à ses funérailles, les discours de M. Lélut et de M. Saisset, prononcés sur la tombe subitement ouverte de ce maître respecté, ont prouvé que la science et l'Université venaient d'être cruellement frappées en sa personne. Au sein de l'Institut, comme auparavant dans l'enseignement des lycées, de l'École normale et de la Faculté, M. Damiron s'était fait une place à part. Quelle était cette place que nul entre ceux qui l'ont connu ne lui conteste? Par quelles facultés essentiellement personnelles de l'esprit, de l'âme et surtout

du cœur, par quels travaux infatigablement continués
jusqu'à la dernière heure, enfin, par quelle vie sage,
vertueuse, et en tous points conforme à ses nobles et
religieuses doctrines, il avait graduellement, sans faste,
sans la moindre ostentation, et sans aider à la fortune
autrement que par l'étude, agrandi cette place vide
aujourd'hui, je voudrais le dire ici en quelques pages.
Pendant sa carrière, longue pourtant et parfaitement
remplie, il n'a ni poursuivi ni peut-être obtenu tout ce
qui lui revenait de renommée. C'est un devoir de pieuse
justice à remplir sans retard, que de rappeler les titres
qu'il s'était acquis à l'estime et à la vénération de quiconque croit que les pures lumières de la pensée sont un
bienfait pour les hommes.

M. Damiron naquit le 10 mai 1794 à Belleville, dans
le Beaujoulais. Il a raconté lui-même ses humbles com-
mencements dans un langage d'une candeur touchante (1). Dès l'enfance, son caractère le porta à la
méditation. «Si penser sérieusement, quoique en enfant,
» dit-il lui-même, est déjà comme un signe de vocation
» philosophique, de bonne heure j'ai eu ce signe, car,
» bien jeune, j'ai eu à penser, et j'ai pensé sérieusement;
» l'âge de la raison vint vite pour moi.» L'aîné de dix
enfants, dans une famille moins qu'aisée, sa mère tout
entière aux plus petits, le confia à son aïeule, dont il a
tracé avec amour le portrait que voici et qui, à plus d'un
égard, le rappelle lui-même : « ..... La mère de mon
» père, femme pieuse, d'un grand sens, de beaucoup de
» fermeté, de plus de douceur encore, d'une sollicitude
» pleine de patience et de paix, et d'une tendresse que

(1) *Souvenirs de vingt ans d'enseignement*, Préface, p. 19 et sui-
vantes. — Paris, Durand et Ladrange, 1859.

» rien ne troublait ni ne fatiguait. Si quelque chose a
» pu me donner l'idée du sage sans la science, c'est cette
» âme qui savait si peu, si peu du moins par les livres,
» et qui savait tant par le cœur ; qui n'avait guère d'au-
» tres lumières que celles de la conscience, mais les
» avait si calmes et si pures et les communiquait si
» simplement. C'était là son autorité, et elle en avait
» beaucoup..... Le soir, par exemple, aux longues veil-
» lées de l'hiver, près du foyer, ou, quand il faisait
» grand froid, dans la tiède atmosphère de l'étable à
» bœufs, en un lieu disposé pour cet usage,..... elle-
» même, sa quenouille en main, elle m'avait à côté
» d'elle, sous son impression, en quelque sorte, me
» parlant peu, mais ne me disant rien qui ne me restât
» dans l'esprit, m'avertissant, me conduisant d'un mot,
» d'un signe de tête, d'un sourire. » Cette société, grave
dans sa douceur maternelle, fut pour lui l'école du re-
cueillement. Son père, ancien militaire et homme de
bien, qui souffrait de n'avoir pas reçu d'instruction, lui
donna le goût de l'étude, et surtout l'habitude du respect de soi et d'une certaine réserve qu'il poussa peut-
être un peu loin, et que plus tard, ainsi qu'il le remarque, on a pu prendre pour de la froideur, bien que
ce ne fût qu'un constant effort pour se contenir et s'observer. Les gênes intimes du foyer domestique, tantôt
aperçues par ses yeux d'enfant, tantôt devinées seulement, mais toujours péniblement ressenties, l'instrui-
sirent à réfléchir aux épreuves de la vie. Il y apprit à se
contenter d'une existence «sans fêtes ni joies mon-
daines. » Le collège, où sa nature sensible n'endura pas
sans larmes la privation des caresses de la famille,
l'exerça mieux encore à cette concentration en soi-
même, qui est une partie de la discipline philosophique.

Mais, si cette disposition est pour le penseur une
force, elle peut aussi devenir un danger lorsqu'elle
l'isole par trop des salutaires excitations du dehors.
Resté dans sa province et livré à lui-même, M. Damiron
ne serait-il pas tombé du côté où il penchait? N'aurait-il
pas caché et trop ralenti, sinon arrêté, le mouvement
de ses qualités propres? Il est permis de le conjecturer.
Heureusement il vint à Paris vers le milieu de ses études, et là, d'abord dans une institution particulière,
puis au lycée Charlemagne, enfin à l'École normale, il
eut pour camarade et condisciple, ensuite pour professeur, toujours pour ami, l'homme le plus capable de le
contraindre à se déployer et produire tout entier. Les
adversaires ne font jamais défaut aux grands talents.
M. V. Cousin a donc eu beaucoup d'adversaires, plus ou
moins clairvoyants, plus ou moins justes, et qui ne se
sont pas précisément appliqués à le ménager. Mais ce
qu'ils n'ont pu lui refuser, entre autres mérites, c'est
une puissance supérieure d'entraîner les autres du côté
où il va lui-même, un coup d'œil rare qui discerne les
aptitudes particulières, et l'autorité nécessaire pour les
lancer dans leurs voies. Avec l'amitié sincère et dévouée
de M. Cousin, M. Damiron sut accepter ses vives impulsions, et, en toute occasion, il s'est plu à proclamer ce
qu'il lui a dû de progrès intellectuels et surtout philosophiques.

L'histoire de la pensée pendant le siècle actuel ne
séparera pas plus les noms de MM. Cousin, Jouffroy et
Damiron, que ceux de MM. Maine de Biran, Royer-
Collard et Laromiguière. Ceux-ci avaient préparé ce que
ceux-là travaillèrent ensuite, chacun pour sa part, à
étendre et à consolider. La postérité dira, si elle est
d'une impartialité sincère, que ces hommes éminents

donnèrent à la France une philosophie singulièrement appropriée à notre génie national, traditionnelle et progressive à la fois ; appuyée du côté du passé sur toutes les vérités que le temps, ne pouvant les détruire, a périodiquement ramenées ; ouverte du côté de l'avenir par les larges échappées de la conscience, à toutes les réformes et à tous les développements. On a beau la méconnaître, la défigurer à plaisir, la représenter courbée sur des textes et ne sachant que les grouper, ou condamnée à ne décrire qu'un homme abstrait, sans rapport aucun avec la société et avec la nature ; elle répond en n'employant l'histoire que comme une manifestation de la conscience universelle, et en ajoutant aux intuitions vraies de la philosophie permanente les intuitions rigoureusement éprouvées de la conscience individuelle et vivante. A une société justement jalouse de tous les droits de la liberté de conscience, et où se coudoient tous les cultes et se rencontrent toutes les nations, elle offre un ample courant d'idées communes sur lequel les esprits d'origine et d'éducation diverses, peuvent, sans s'entre-heurter, tendre d'accord vers les fins les plus hautes de la civilisation. Loin de s'estimer achevée et close, son effort constant est de s'agrandir par des accroissements graduels, et d'autant moins périlleux que, pour les admettre, elle n'a pas besoin de briser ses cadres, mais seulement de les dilater.

Telle l'avaient fondée et voulue les maîtres de M. Damiron. Telle aussi nous la trouvons dans son premier ouvrage, l'*Essai sur l'histoire de la philosophie au dix-neuvième siècle*, qui parut en 1828, et qui, en 1834, parvenait à sa troisième édition. C'est assurément là un livre de critique, et même de polémique. L'auteur y réfute, en les pressant vivement, les adversaires de la doctrine nouvelle. Il prend d'abord à partie le demeurant de l'école sensualiste. Il combat pied à pied les théories de Cabanis, de Destutt de Tracy, de Volney, et d'autres plus récents. Il montre habilement l'insuffisance et l'inexactitude de leur psychologie, la fausseté de leurs principes moraux et politiques, gros, à leur insu, de conséquences déplorables, et dont leur âme honnête tâchait vainement de tirer tout le contraire de ce qui y était contenu. Se retournant ensuite contre l'école que représentaient MM. Joseph de Maistre, de Lamennais et de Bonald, il y fait la part de la vérité et de l'erreur avec une justice calme, mais exempte de faiblesse. Il ne lui en coûte pas de louer M. de Maistre d'avoir prêté aux questions philosophiques une sorte d'intérêt, de les avoir renouvelées, remises en honneur et popularisées par la manière originale, vive et forte, dont il les a traitées et exprimées. Il lui accorde la clarté et la fécondité; mais il n'aime ni son amertume ni ses mépris offensants. Il s'élève contre ses opinions, absolues souvent jusqu'à l'inhumanité, et il repousse avec énergie sa façon de comprendre le rôle du malheur dans le monde, théorie qui exagère démesurément l'importance du bourreau et qui n'aperçoit ici-bas ni épreuves salutaires ni divines excitations au progrès. Il a, pour caractériser M. de Lamennais, des expressions heureuses, frappantes même, que nous devons citer : « Génie d'une grande activité, » dit-il, né pour le combat, et combattant admirable- » ment avec les plus faibles armes ; chef d'une opposition » qu'il a créée et qu'il soutient seul ; homme d'éclat » plutôt que de secret, et plus propre à la prédication » hardie d'une doctrine qu'au maniement d'une affaire, » il paraît beaucoup moins un disciple des jésuites qu'un » élève brillant de Rousseau. » Cette chaleur, qui est

presque de la verve, mais de la verve sans fiel et tem-
pérée d'équité, anime plus d'une page de l'ouvrage. Le
Globe en demanda, pour ses colonnes, des fragments
inédits, et le public l'accueillit avec une faveur marquée.

Cependant la critique et l'histoire y étaient presque
partout mêlées d'affirmation et de théorie. Dans le
second volume, consacré aux penseurs spiritualistes, la
théorie domine décidément. La science philosophique
s'y montre avec les allures, les procédés, l'esprit libéral
et les conclusions élevées qui déjà lui étaient devenues
habituelles, grâce au talent et à l'influence des chefs du
mouvement nouveau. C'est que le vrai penchant de
M. Damiron le portait à la spéculation. Il était méditatif
plus encore qu'historien. Presque tous les problèmes
historiques tournent sous sa main, et se changent en
questions et en discussions dogmatiques. Ainsi la conclusion de son *Essai* est un programme complet et
développé de philosophie théorique. On y reconnaît le
cadre, déjà rempli en plus d'un endroit, de son *Cours*.
Ceux qui répètent à satiété que le spiritualisme s'est
irrémédiablement claquemuré dans la psychologie n'ont
qu'à lire cette conclusion. Ils y verront que, dès ses
débuts, cette philosophie sentait parfaitement qu'elle
devait peu à peu embrasser les principes fondamentaux
de toutes les sciences. Mais elle connaissait la vanité des
constructions hâtives, et dans un siècle où les sciences
physiques et naturelles ont prodigieusement élargi le
cercle de leurs analyses, elle attendait, pour en absorber
les résultats, que les faits et les détails eussent été
généralisés en loi plus certaines et plus fixes. En
attendant, elle allait droit au plus pressé et au plus
connu, c'est-à-dire à l'homme, à son essence, à ses fa-

cultés, à sa destinée, à ses devoirs et à sa cause infinie. De là son caractère longtemps psychologique et moral.

Après d'humbles débuts en province, où il avait été successivement régent de seconde à Falaise, de rhétorique à Périgueux et professeur de philosophie à Angers, appelé enfin à Paris, où était sa vraie place, et chargé de l'enseignement philosophique dans les colléges Charlemagne, Bourbon et Louis le Grand, M. Damiron s'appliqua avec un soin consciencieux à la psychologie et à la morale, sans toutefois négliger la logique, à laquelle est consacré le troisième volume de la première édition du *Cours de philosophie*, publiée de 1831 à 1836. La *Psychologie* eut une seconde édition en 1837, et la *Morale* en 1842. La *Logique* eut aussi la sienne (1).

En ce qui touche l'essence, les phénomènes et les facultés de l'âme, M. Damiron organise, complète et précise en vue de l'enseignement plutôt qu'il n'invente. Ses maîtres et amis avaient cueilli la fleur des grandes questions. Il importait de mettre en ordre ces premières acquisitions et de les répandre par des leçons élémentaires, quoique élevées. Toutefois, disciple des chefs de la doctrine, M. Damiron n'en est pas l'écho servile. Il se fait une loi de retrouver à ses frais, par l'observation personnelle, tout ce qui lui a été transmis. Il repasse sur les traces de MM. Royer-Collard, Cousin et Jouffroy, mais parce qu'il s'est assuré que c'est le bon chemin, insistant d'ailleurs aux endroits rapidement parcourus avant lui, critiquant à l'occasion et ajoutant sans cesse quelque nouveau détail. Il s'y montre encore lui-même par sa curiosité exacte et patiente, sa finesse sans sub-

(1) Cette seconde édition du *Cours de philosophie* a été publiée par la maison Hachette.

tilité et par son style nuancé, sympathique, parfois ému
jusqu'à attendrir le lecteur. Les pages où sont décrites
les affections de l'âme présentent à un remarquable
degré ces qualités attachantes.-

Mais où M. Damiron déploie un talent vraiment personnel, c'est dans les questions de morale. Là sa finesse
devient de la pénétration, sa solidité de la force, et son
émotion de l'onction souvent religieuse jusqu'à l'éloquence. C'est là son vrai terrain ; il le sait, il le sent ; il
a hâte d'y arriver qnand il n'y est pas encore, d'y revenir quand il l'a quitté. En pleine psychologie, la morale
le préoccupe déjà ; il l'annonce, il l'esquisse, il l'appelle
une *psychologie mixte*, et, contrairement à l'usage, il la
place avant la logique, afin sans doute de retrouver plus
promptement des principes qui étaient le pain de son
âme, autant, pour le moins que l'aliment de son esprit.
Tel est son amour pour la morale qu'il y ramène la
logique et l'esthétique. Il avoue en un endroit que, sans
dédaigner la gloire, le mérite auquel il tient par-dessus
tout est d'avoir, de près ou de loin, sur les opinions et
les mœurs, une action qui contribue à les rendre meilleures et plus honnêtes. Est-ce donc à dire qu'en ce
point tout fût à fonder ? Non certes, et M. Cousin, dans
ses *Cours*, avait posé, au nom de la raison, la loi du
devoir, et en avait séparé d'une façon décisive la morale
de l'intérêt et celle du plaisir. Mais il faut voir avec
quelle abondance d'idées et de cœur M. Damiron développe et, j'ose le dire, féconde les principes de la
science des mœurs. Ici, on nous permettra d'entrer dans
quelques détails et de citer quelques fragments ; car,
selon nous, il s'agit en ce moment de l'œuvre capitale
de notre bon maître, du livre où, avec ses *Souvenirs de
vingt ans d'enseignement*, il a le plus mis de cette ferme

et grave conviction, de laquelle il a dit lui-même qu'elle était « son charme et sa puissance auprès de la jeunesse ».

Avant d'être écrit, ou certainement pendant que l'auteur l'écrivait, le *Cours de morale* a.été professé d'abord dans les lycées, puis dans la salle de conférences de l'École normale, et enfin à la Sorbonne, sous forme de *Discours d'ouverture*. Il est visible que ces *Études* s'adressent non pas à un public abstrait, mais à des âmes présentes, au fond desquelles le moraliste veut pénétrer. Or, à des âmes présentes, surtout à des âmes jeunes et toutes pleines d'espérance, il sera toujours impossible de faire accroire que l'homme, tel que Dieu l'a créé, n'a que le devoir tout seul pour fin, et que le bonheur n'est qu'un pur rêve. Certes, M. Damiron admire, et j'admire comme lui, la grandeur, la forte et mâle énergie du stoïcisme. Mais entre le stoïcisme qui nie la sensibilité et ses droits, et la morale de l'égoïsme et du plaisir qui, à la sensibilité et à ses joies, sacrifie la raison, il y a une doctrine plus complète et plus vraie, où se concilient ces deux points de vue extrêmes. En quelques pages auxquelles je renvoie le lecteur (1), M. Damiron présente cette doctrine dans son jour le plus pur. Il la résume excellemment en ces termes : » Forte à la fois de son autorité et de ses légitimes sé- » ductions, la morale du devoir et de l'amour vaut » mieux que le stoïcisme, qui pèche par trop de sévé- » rité ; mieux aussi que l'épicurisme, qui pèche par » trop de relâchement. L'un se fait respecter sans se » faire aimer, l'autre se fait aimer sans se faire respec- » ter. Pour elle, elle inspire en même temps le respect

_____

(1) *Morale*, 2e édition, pages 288 à 327.

» et l'amour ; elle prend l'homme par toute sa nature ;
» elle est vraiment la morale humaine (1). » C'est pourquoi dans toute la suite de ce livre d'une science saine,
solide, réconfortante, si le devoir est invariablement
affirmé comme la loi et la fin suprêmes de l'homme, le
bonheur, ce bonheur sans pareil qui consiste à se ré-
jouir d'avoir bien fait est constamment annoncé et pro-
mis comme la conséquence assurée du devoir. Car les
stoïciens ont beau faire : « ils ne peuvent changer leur
» nature, séparer ce que Dieu a uni, et empêcher leur
» conscience de leur donner contentement lorsqu'elle
» leur atteste une bonne vie (2). »

M. Damiron s'attache donc à faire aimer le devoir. Il
parcourt à pas lents le cercle entier de nos obliga-
tions; il les décrit complaisamment, sans en dissimuler
les difficultés, mais sans omettre non plus de marquer
le surcroît de force qu'en apporte l'accomplissement,
ni de dire de quelle satisfaction suave elles laissent le
cœur inondé. La nature elle-même, aimée, respectée et
comprise, lui paraît être une institutrice éloquente, dont
les rigueurs, non moins que les bontés et les sourires,
sont efficaces à nous conduire au bien et au bonheur.
« Fille de Dieu comme nous, dit-il, notre sœur, notre
» compagne, la nature ne sépare jamais sa destinée de
» la nôtre..... ; d'autant plus excellente qu'il n'y a point
» à craindre avec elle de caprice et d'inconstance, et
» qu'elle donne tout ce qu'elle promet avec une régu-
» larité providentielle.... Elle tend par ses misères à
» développer en nous un nouveau genre de vertus, un

(1) *Morale*, pages 326-327.
(2) *Ibid.*, page 324,

» sentiment plus pressant, une recherche plus active de
» l'utile et du beau (1). »

D'autres qualités plus puissantes, plus éclatantes, distinguent les autres chefs de l'école spiritualiste. Mais
cette veine de psychologie morale est bien à M. Damiron.
Il y est fécond, varié, intéressant; il y est à l'aise ; il y a
une touche et un accent personnels. Aussi ne crut-il
point l'avoir épuisée dans la *Morale.*

Pendant ses vingt ans d'enseignement à la Faculté des
lettres de Paris, M. Damiron, comme l'exigeait le titre
de sa chaire, s'occupa de la philosophie moderne, et,
dans cette philosophie, il étudia surtout la grande école
cartésienne. Malgré cette timidité naturelle dont il ne
triomphait qu'imparfaitement, malgré ce défaut de facile
expansion dont il a depuis fait l'aveu public avec franchise et simplicité, il avait un auditoire fidèle et attentif
d'hommes mûrs, de jeunes gens et d'élèves de l'École
normale. On aimait en lui le professeur consciencieux
qui préparait fortement ses leçons ; on appréciait son
exposition savante, et sa critique à laquelle le respect
du génie n'enlevait rien de son indépendance. De cet
enseignement sont sortis les deux importants volumes
intitulés: *Essai sur l'histoire de la philosophie en France
au dix-septième siècle,* et publiés en 1846 (2). Cependant,
toujours pénétré de cette juste idée, que l'histoire de la
philosophie n'est qu'un moyen, dont la théorie est le
but, sollicité d'ailleurs continuellement par ses préfé-
rences secrètes, il prenait tous les ans pour sujet de sa
leçon d'ouverture une question de morale ou de théo-

(1) *Morale,* 2ᵉ édition, pages 134-135.
(2) Chez Hachette.

dicée. Réunies en volume en 1859, les principales d'entre ces leçons forment aujourd'hui un livre d'une valeur sérieuse et rare, et qui couronne dignement l'œuvre du moraliste.

Nous ne pouvons analyser, même succinctement, dans cette notice, les doctrines qu'embrassent ces précieux *Souvenirs*. Qu'il nous soit permis au moins d'en rappeler ou indiquer les pages les plus remarquables, celles qui ont trait à l'*Épreuve*, à l'*Immortalité de l'âme et à la Providence*. Ces trois questions se tiennent, et M. Damiron allait logiquement de l'une à l'autre.

Loin de nier le mal, la douleur, l'affliction, il les affirmait; il les dépeignait sous leurs formes les plus cruelles, les plus navrantes. Il les montrait du doigt partout et chez tous, et, appuyant sur les blessures, il n'hésitait pas à les faire saigner. Mais aussitôt il découvrait le progrès germant et l'espérance fleurissant au sein de la douleur, comme les plantes dans le sol qu'a tourmenté la charrue. « La leçon de la douleur, disait-» il, est excellente à suivre dans ses conséquences et » dans son rapport avec le bien ; elle l'est, non pas aux » yeux de la passion qu'elle blesse, mais à ceux de la » raison qui l'entend et l'apprécie. Bien supérieure à ce » titre au plaisir lui-même, à celui du moins qui n'est » pas le prix et la suite de la vertu, et qui relâche et » amollit, au lieu de fortifier et d'affermir, la douleur, » au contraire, si elle déchire, ne flétrit pas, si elle » tourmente, elle ne dégrade pas, et, dans ses atteintes » même les plus dures, elle est toujours préférable » aux trompeuses séductions d'une félicité corruptrice. » Souffrir, pour qui sait souffrir, n'est jamais un vrai » mal, je veux dire une cause de vice et de dégradation,

» c'en est une au contraire de bien et de perfection (1).»
Il ne voyait en conséquence dans la vie présente, dévo-
lue tout entière à l'épreuve, que le nœud d'une existence dont le dénoûment est ailleurs, et il cherchait,
avec précaution, mais non sans quelque confiance dans
ses inductions morales, à se représenter quel serait
notre état dans la patrie future. Il partait de ce principe,
que chacun aura sa vie à venir en raison de sa vie pas-
sée, et ses religieuses contemplations lui inspiraient des
pages émouvantes telles, par exemple, que celle-ci :
« Quand la mère (privée de son enfant par la mort,
» pour prix de sa résignation, recevrait dans l'autre
» monde les joies d'une maternité divinement recréée,
» ou le bonheur de retrouver, mais cette fois pour l'é-
» ternité, cet enfant tant pleuré, où serait l'inconsé-
» quence ? La poésie chrétienne ne conçoit rien de plus
» pur que la sereine béatitude de la mère du Dieu fait
» homme ; pourquoi la mère de l'enfant fait ange ne
» gouterait-elle pas quelque chose d'une pareille béati-
» tude (2) ? »

On a coutume de démontrer la divine Providence par
l'ordre, la beauté, l'organisation merveilleuse du monde.
M. Damiron ne repoussait pas cette preuve sensible et
populaire, mais il la croyait incomplète, et il préférait
les arguments puisés dans la considération même de
l'âme. La nature lui attestait les soins de la Providence,
et cet éloquent témoignage, il l'acceptait. « Mais, s'é-
» criait-il avec chaleur, l'âme n'a-t-elle pas aussi, comme
» par une divine économie, et ses heureuses semences,
» et son soleil, et ses saisons ? n'a-t-elle pas ses fleurs,

(1) *Souvenirs de vingt ans d'enseignement*, etc., pages 15 et 16.
— Paris, 1859. A. Durand et Ladrange.
   (2) *Ibid.*, page 71.

» ses espérances et ses doux fruits ? Génie, germes de
» poésie, principes de raison, de science et de sagesse,
» innocence, bons penchants, grâces de lumière et d'a-
» mour, primitives dispositions et continuelles impul-
» sions au beau, au vrai et au bien, n'êtes-vous pas à la
» fois des signes et des effets d'une action providentielle
» bien autrement intelligible que celle qui peut paraître
» dans le gouvernement de la nature (1) ? » En 1855,
M. Cousin portait sur son ami le jugement suivant :
M. Damiron, de progrès en progrès, est devenu un des
penseurs les plus purs ; ses derniers écrits, surtout,
offrent un heureux mélange d'élévation et d'onction. On
y rencontre.... des pages entières d'un tour aisé et d'un
coloris aimable qui rappellent parfois la manière de
Nicole (2). Ceux qui reliront la *Morale* et les *Souvenirs
de vingt ans d'enseignement* trouveront assurément que
cet éloge n'a rien d'exagéré : peut-être même seront-ils
tentés d'y ajouter quelque chose.

Certaines qualités de M. Damiron, toujours un peu
voilées dans l'amphithéâtre de la Faculté par cette
réserve extrême et ces habitudes concentrées dont personne là ne le contraignait de sortir, certaines, dis-je,
de ses meilleures qualités éclataient véritablement dans
la petite et modeste salle des soutenances du doctorat.
Excité par la discussion et même, quand il avait affaire
à un candidat un peu résolu, aiguillonné par la contradiction, sûr d'ailleurs de l'attention sérieuse et compé-
tente de ses confrères, c'était alors comme un homme

---

(1) *Souvenirs de vingt ans d'enseignement*, etc., pages 15 et 16
— Paris, 1859. A. Durand et Ladrange.
(2) *Premiers Essais*, page 346, 3ᵉ édition. Paris, Librairie-Nou-
velle. Voir aussi la 4ᵉ édition chez Didier.

CH. LÉVÊQUE. 10

nouveau. « Un sentiment impérieux et pressant l'ins-
» pirait, lui faisait trouver des mouvements et (laissons-
» le l'avouer lui-même) des élans, et parfois des bonheurs
» d'expression ou de discussion auxquels sa chaire
» n'était guère accoutumée (1). » Je pourrais citer tels
de *ces grands jours de la science*, c'est le mot qu'il emploie,
où son argumentation véhémente et sa parole animée de
toute l'ardeur de sa conviction provoquèrent les applau-
dissements unanimes du public et de la Faculté. C'était
ensuite, dans la salle des délibérations, à qui complète-
rait son succès en lui serrant la main et en lui faisant
fête à l'envi. Mais tout à coup, redevenu l'homme du
dedans, il acceptait ces félicitations avec la gratitude
confuse et la modestie embarrassée d'un jeune débutant
et on ne l'en aimait que davantage.

En 1836, M. Damiron était devenu membre de l'Institut. Il avait succédé à M. le comte Destutt de Tracy dans
la section de philosophie de l'Académie des sciences
morales et politiques. Pendant vingt-cinq ans, il y a large-
ment payé son tribut d'activité, de recherches et de discussions. Particulièrement qualifié comme historien de
la philosophie moderne, ses confrères lui conférèrent le
soin de rédiger notamment le rapport sur le concours
relatif à la *Philosophie cartésienne*, où le prix fut divisé
entre M. Francisque Bouillier et M. Bordas-Demoulin ;
le rapport sur le concours ayant pour sujet l'*Examen
des principaux systèmes modernes de théodicée*, dont l'heureux lauréat fut M. Émile Saisset; et le concours sur la
Philosophie de Leibniz, à la suite duquel la couronne a
été partagée entre MM. Nourisson et Fouché de Careil.
On sait ce que sont ces analyses de manuscrits en

_____

(1) *Souvenirs*, préface, p. XIII.

général très-étendus. Le rapporteur, après avoir recueilli l'opinion des divers membres de la commission, et après s'en être formé une à lui-même, doit suivre pas à pas chacun des concurrents, peser ses théories, juger ses jugements, critiquer ses critiques, apprécier sa méthode et son style, et poser des conclusions sur lesquelles l'Académie tout entière est appelée à voter. Ces rapports, véritables ouvrages sur les questions les plus hautes, sont déjà dans le présent, et seront pour l'avenir, les lumineuses annales de la science. Chaque fois qu'il avait été chargé de cette tâche difficile et quelque peu ingrate, M. Damiron l'avait remplie avec autant de conscience délicate que de savoir et de solidité.

Mais, dans la liste de ses travaux académiques, une plus grande place revient à la suite de ses *Mémoires sur la philosophie du dix-huitième siècle*, qu'il continuait quand la mort l'a surpris et dont on a déjà deux forts volumes (1). Entre les détracteurs systématiques du dix-huitième siècle et ses admirateurs exaltés, M. Damiron a pris une position intermédiaire et élevée. C'est un procès philosophique qu'il instruit, et il y apporte les dispositions calmes, la raison tranquille (je ne dis pas indifférente) d'un juge impartial. Diderot, Helvetius, Saint-Lambert, pour ne citer que ceux-là, sont par lui pesés dans de justes balances. Quoique ce soient là des adversaires de la doctrine qu'il a embrassée, ou plutôt à cause même de cela, il s'étudie à signaler les services qu'ils peuvent avoir rendus et à distinguer en eux le cœur de l'intelligence. Ainsi, en se résumant sur Helvetius : « On peut donc bien séparer en lui, dit-il, la pen- » sée, qui n'est guère sienne, qu'il prend un peu partout

(1) Chez Ladrange.

» et sans grand discernement, qu'il ne transforme guère,
» et surtout qu'il ne corrige pas, la séparer, dis-je, du
» cœur, de l'âme même, de l'intime personne, et ne pas
» trop lui imputer l'une pour mieux estimer l'autre :
» c'est là peut-être ce qu'il y a de plus convenable à faire
» en sa faveur, pour lui assurer la part de justice bien-
» veillante à laquelle, comme homme, il a un droit
» incontestable. Mais, si on le confondait avec ses ouvra-
» ges, si on ne le jugeait que par ses écrits, il faudrait
» lui être moins doux et même le condamner avec une
» ferme sévérité. Je suis donc heureux d'avoir pu faire
» loyalement à son égard cette équitable distinction. »

A l'égard de M. Damiron, une semblable distinction
n'est point à faire, grâce à Dieu. Entre sa vie et ses idées,
l'accord, je le répète, fut complet. Dans cette âme
heureusement née, j'y consens, mais qui sut se gouverner, l'énergie de la conviction produisait l'acte, et
l'acte, à son tour, par ses effets, confirmait et fortifiait
la conviction. Il souhaitait vivement partager avec
d'autres le bien que lui faisait la vérité. Il aspirait à
pratiquer le plus souvent possible ce qu'il appelait ingé-
nieusement la charité morale ou l'aumône philosophique. Sa foi dans la fécondité du vrai était active
autant que profonde. Il disait fermement que : « de
» tout ouvrage de quelque valeur, quelle qu'en soit d'ail-
» leurs la forme, il transpire infailliblement certaines
» idées, certains principes, qui de degrés en degrés, de
» diffusions en diffusions, finissent toujours par des-
» cendre et parvenir jusqu'aux masses (1). » Pour hâter
cette propagation si nécessaire et si lente, il accepta en
1848 la mission, c'est ici le mot juste, de rédiger l'un

_____

(1) *Morale*, préface, p. XXXI. 2ᵉ édition.

des petits *Traités* que le général Cavaignac avait de-
mandés à l'Académie des sciences morales et politiques,
et il choisit pour sujet de ce travail : *la Providence* (1).
On y reconnaît, sous une forme plus simple, certaines
pages de sa *Morale* et de ses *Discours d'ouverture* à la
Faculté. Ces pures et consolantes leçons allèrent-elles à
leur adresse? je l'ignore; mais ce que je sais, c'est
qu'elles rencontrèrent des cœurs qu'elles ne cherchaient
pas; c'est qu'elles y relevèrent l'espérance abattue. Et
de là peut-être sont-elles depuis descendues en partie
jusqu'où elles avaient visé. Il y a plus, avant même la
publication de ce petit livre, les vérités qu'il contient
avaient été proposées à toute une population de rusti-
ques ouvriers qui les avaient goûtées. Un commencement d'expérience et un premier succès avaient donné
à l'auteur l'espoir de réussir encore.

Pendant ses vacances, en effet, M. Damiron allait se
reposer à la campagne, chez des amis qui dirigeaient
un vaste établissement d'industrie. Ceux-ci avaient eu
la généreuse pensée de fonder dans leur maison même
un asile et une école primaire plus aisée à fréquenter
que l'école communale, située à une trop grande distance. C'était un piége où l'âme si excellemment chari-
table de M. Damiron ne pouvait manquer de se prendre;
et elle s'y prit au grand profit des ouvriers et de leurs
enfants. Il commença par proposer aux ouvriers adultes
et par instituer pour eux des séances de lectures. Trois
fois par semaine, après le maigre repas du soir, hommes,
femmes et enfants se réunissaient au son de la cloche.
Il préparait sa lecture par quelques réflexions, et la
faisait suivre de quelques développements familiers qui

(1) Paris, 1849. Pagnerre, Paulin, Firmin-Didot.

10.

avaient trait à l'âme, à la société, à la famille, à l'État, et par-dessus tout à Dieu et à sa providence. Il crut voir que ces entretiens laissaient dans ces humbles esprits quelques bonnes impressions morales, et ainsi il fut amené à penser que son écrit sur la Providence pourrait convenir à des intelligences du même ordre. On le voit, ce livre avait fait ses preuves. Il sera compté à l'auteur comme un titre de gloire par ceux qui sentent en eux-mêmes l'amour des faibles et des petits.

J'en dis autant de la dernière publication, si mince, si modeste de M. Damiron, et qui a pour titre : *Conseils et allocutions, adressées à des enfants d'ouvriers et à leurs familles, dans les distributions de prix d'une école de village ; nouveaux souvenirs d'enseignement*, par M. Ph. Damiron, membre de l'Institut (1), etc., etc. Là respire tout entière son âme exquise. Dans une courte intro-duction, il raconte avec un abandon charmant, sans vanité et sans pruderie, l'histoire de cette chère école d'ouvriers, comment il y fonda une distribution de prix, comment il y fournissait lui-même les livres, les images et les cartes donnés en récompense aux plus appliqués, et comment il les distribuait lui-même, mais non sans avoir au préalable prononcé un petit discours. Les *petits discours*, voilà l'étoffe du livre, et cette étoffe est bonne, précieuse comme toujours. L'académicien s'y fait maître d'école, et il s'y montre instituteur accompli. Mais ce qui l'inspirait dans sa *Sorbonne des champs*, aussi bien qu'autrefois dans celle de Paris, c'était l'amour et le souci des âmes, « des âmes à éclairer, à édifier et à » toucher. » Une dernière fois, nous retrouvons ici le moraliste que nous avons déjà souvent signalé. Mais,

_____

(1) Paris, 1862. Hachette.

dans cette simple attitude, penché vers ces pauvres intelligences, réduisant la science à leur point sans amoindrir la vérité, mettant tout son cœur dans chacune de ses paroles, c'est plus qu'un moraliste à écouter, plus même qu'un sage à honorer : c'est un modèle à imiter.

M. Damiron était de ceux dont le progrès suit sans interruption la marche des années. Il eût rendu encore à la philosophie plus d'un service par ses écrits et par l'autorité de ses conseils; son affection, son caractère aimable et sûr, eussent encore donné bien des joies intimes à sa famille et à ses amis, surtout à cet ami qu'il ne quittait guère et auquel il manque aujourd'hui cruellement, M. Dubois, notre cher directeur de l'École normale. D'ailleurs, sa constitution, sans être robuste, était excellente, et il la dirigeait avec tant de prudence, ou plutôt de tempérance et de régularité, qu'on ne l'avait pas vu malade depuis plus de quarante-cinq ans. Rien donc ne faisait présager sa fin si brusque. Le samedi 11 janvier dernier (1), il a passé, sans traverser la crise de l'agonie, de la vie de l'épreuve à la vie sereine et couronnée, dont il se complaisait à sonder les mystères et à pressentir la félicité.

(1) 1862. *ge de 68 ans.*

M. ÉMILE SAISSET (1)

(Écrit en avril 1862, pour le *Journal de l'instruction publique*.)

———

Nous sommes heureux d'annoncer à nos lecteurs la troisième édition de l'*Essai de philosophie religieuse* de M. Émile Saisset. Nous n'avons point à faire connaître ce livre. Cette tâche a été parfaitement remplie ici même par M. Paul Janet, celui de ses élèves dont M. Émile Saisset a le plus sujet de s'enorgueillir. Mais le succès d'un tel ouvrage, traitant des questions si ardues dans un temps où retentissent tant de lamentations sur l'abandon prétendu de la haute philosophie, ce succès, disons-nous, a des causes qu'il importe de rechercher. C'est sur ces causes que nous nous proposons d'insister dans le présent article. Nous les trouvons à la fois dans les procédés qu'a adoptés l'école à laquelle appartient M. Saisset, et dans le talent de plus en plus ferme avec lequel l'éminent professeur continue l'œuvre de ses maîtres.

On se trompe, croyons-nous, lorsqu'on s'imagine

(1) *Essai de philosophie religieuse*. 3 édition. 2 vol. in-12. Chez Charpentier, 1862.

que, pour se renouveler, se déployer, ou se redresser
elle-même, la philosophie a besoin de changer fréquemment de route. Oui, si le chemin où l'on est entré
est mauvais ; non, s'il est excellent. Tourner le dos au
but, c'est assurément varier sa marche, mais c'est aussi
perdre son temps. Se jeter de côté dans des impasses,
cela est moins dangereux, mais non moins inutile.
Nous entendons souvent louer l'originalité de certains
esprits qui, dit-on, savent déplacer les idées. Déplace-
t-on jamais les idées ? Nous ne savons ; mais on les
éclaircit en s'approchant davantage de leurs objets, en
observant mieux les réalités auxquelles elles corres-
pondent. Or, quiconque se rapproche physiquement ou
intellectuellement d'un objet qu'il voyait déjà, mais qu'il
n'apercevait que confusément, et qui en acquiert ainsi
une notion plus exacte, celui-là ne change pas de route,
il poursuit son chemin.

Au commencement de ce siècle, et pendant les deux
seules années qu'il ait consacrées à la philosophie, un
vigoureux esprit, M. Royer-Collard, donna à cette
science sa véritable méthode, ou plutôt il la lui rendit,
car cette méthode était déjà dans le *Discours de la méthode* et dans les *Méditations*. Mais Descartes et ses disciples n'y avaient pas toujours été fidèles, et ce n'est
pas excéder que de dire que les penseurs du dix-
huitième siècle l'avaient presque absolument méconnue.
Cette méthode consistait essentiellement dans l'emploi
alternatif et opportun de l'observation au moyen de la
conscience et de l'intuition rationnelle. C'étaient là les
deux forces maîtresses auxquelles se joignaient, mais
en s'y subordonnant, l'induction qui tire les lois des
faits observés, et le raisonnement qui développe les
conséquences renfermées dans les vérités de la raison.

Cette méthode, M. Royer-Collard l'appliqua avec tant de sagesse et de succès que, tout aussitôt, la philosophie française se sentit en possession d'un instrument incomparable, fort et souple, résistant et pénétrant; arme à deux fins, également utile à ceux qui veulent conquérir la vérité et à ceux qui défendent et protégent la vérité conquise.

Si, depuis cinquante ans passés, elle n'a jamais consenti ni à rejeter cette arme avec dédain, ni à la briser follement, c'est qu'elle a vu toutes les autres, dans le passé comme dans le présent, trahir les mains les plus habiles et les plus vaillantes; c'est qu'au contraire, grâce à celle-là, elle a pu regagner tout le terrain perdu, et, quoique lentement, avancer toujours, sans reculer d'un pas.

Veut-on s'en assurer? Que l'on regarde à quel point le dix-septième siècle avait laissé, par exemple, la question fondamentale de la personnalité; que l'on considère ensuite jusqu'où l'ont poussée nos maîtres, et que l'on constate enfin quelle forme nette et, à certains égards, très-arrêtée, prend la solution de ce problème dans le livre de M. E. Saisset.

Cette question profondément engagée dans la célèbre querelle des universaux qui a tant agité le moyen âge, et qui, en réalité, n'était autre que celle du principe d'individuation, ne fut si longtemps inextricable et insoluble que par l'excessive influence de la philosophie d'Aristote. Nous ne pouvons prouver ici, mais nous nous proposons d'établir quelque jour que, dans la doctrine d'Aristote, où l'individu est un composé double de deux substances, ou de deux éléments, lesquels pris séparément ne sont rien, il n'y a ni individu, ni personnalité, ni par conséquent immortalité. Parti de cette théorie, qu'il fut entraîné à ne traiter que logiquement, enfermé dans la double idée d'une forme qui n'existe plus sans la matière et d'une matière qui, sans la forme, est un pur néant, le moyen âge se consuma en efforts stériles autour de cette notion de l'individu qui fut pour lui comme une autre pierre philoso- phale.

C'était là un problème de métaphysique dont les don- nées devaient être demandées, non certes aux *Catégories*, mais à la psychologie, c'est-à-dire à l'observation directe de l'âme par elle-même. Descartes et son *Cogito, ergo sum* placèrent cette investigation difficile à son véritable point de départ. De là, en allant droit devant lui, l'au- teur du *Discours de la Méthode* avait les plus belles chances d'approcher singulièrement du but, et d'y tou- cher peut-être. Mais il dévia dès les premiers pas, em- porté par la faculté géométrique qui prédominait en lui. De plus, il observa incomplétement et comprit mal la volonté, cette manifestation éminente de la personne ; il la confondit avec le jugement qui est un acte intel- lectuel passif. Par là et par sa doctrine de la création continuée, il inclina à dépouiller l'âme humaine de son énergie individuelle. Sur ses traces, et plus hardi que lui, Malebranche s'oublia jusqu'à dire que, loin d'agir, la volonté *est agie*. Leibniz rendit d'une main l'activité aux créatures en les considérant comme des forces toujours tendues et enveloppant l'effort alors même qu'elles ne l'accomplissent pas encore ; mais, de l'autre, il la leur reprit ; car, on le sait, l'*harmonie prééta- blie* est la négation de toute action réciproque des forces ou entéléchies.

Ainsi, nous avons le droit de le dire, la notion exacte de l'individu et de la personne, les métaphysiciens du dix-septième siècle ne l'ont pas eue ; ou, s'ils l'ont eue, ils l'ont faussée ; ils l'ont énoncée en des termes qui la nient. Cette notion, le dix-huitième siècle l'a bien moins encore éclaircie et philosophiquement posée. C'est aux métaphysiciens du siècle actuel, c'est à nos maîtres que revient l'honneur d'avoir pénétré par l'analyse jusqu'à cette base invisible, et d'autant plus inébranlable de toute liberté, jusqu'à ce type vivant de l'individualité finie à l'image duquel, infiniment agrandie, nous ne pouvons pas ne pas concevoir la personnalité libre et éternellement vivante de Dieu.

En effet, ne prenons que les plus illustres. Leur plus grand, leur plus constant effort n'est-il pas de fonder solidement et de maintenir en toute occasion, tantôt l'individualité humaine, tantôt l'individualité divine, tantôt l'une et l'autre, en présence l'une de l'autre, et sans absorber l'une dans l'autre ? Voyez M. Royer-Collard ; avec quelle autorité et quelle dialectique il défend, contre le scepticisme, la cause et le principe de causalité, et il rétablit ce moi substance, ce moi individuel que Condillac avait supprimé en l'appelant une collection de sensations ! Voyez M. de Biran résister judicieusement à son penchant pour Leibniz, et, dans son ouvrage capital (1), proclamer, au nom même des faits attestés par la conscience, ces rapports du corps avec l'âme et de l'âme avec le corps qu'avait supprimés l'*harmonie préétablie ?* On composerait aisément un volume avec les fragments pleins de force et de chaleur que M. Cousin a répandus dans ses leçons et dans ses divers ouvrages contre l'unité des substances et l'indétermination de l'être absolu, et en faveur de la personne

(1) *Nouvelles considérations sur les rapports du physique et du moral de l'homme*, publiées par M. V. Cousin. Paris, 1834, Ladrange.

CH. LÉVÊQUE. 11

que nous sommes. Enfin, ni M. Th. Jouffroy, ni M. Damiron n'ont fait défaut à cette cause qui leur était sacrée.

Aussi la doctrine du Dieu personnel et de l'âme libre et responsable est-elle demeurée populaire en France. Toutefois, rien jamais en philosophie, n'est définitivement acquis. Comme la vie elle-même, la science est un combat ; et, semblables à certains chercheurs d'or, le chercheur de vérité doit avoir le fusil sur l'épaule en même temps que la pioche à la main, avec cette différence néanmoins que les armes philosophiques n'atteignent que les opinions et respectent les hommes. A peine victorieuse du sensualisme, la thèse capitale du spiritualisme se vit en butte aux attaques d'ennemis venus de différents points de l'horizon, mais surtout de cette Allemagne hégélienne qui avait trouvé parmi nous une si libérale hospitalité. Puis, à l'extrémité opposée, se dressa l'école positiviste, appuyée sur le sentiment de plus en plus vif des intérêts matériels, et soutenue par beaucoup de science et de talent. Il fallut donc recommencer la lutte.

C'est à ce moment que se dessine le rôle choisi et fidèlement rempli par M. Émile Saisset. Il débuta par la critique et bientôt s'y montra dialecticien habile, polémiste vigoureux et, j'ose le dire, d'autant plus redoutable qu'il connaît mieux toute la puissance de la modération. Il excelle à faire dans les systèmes qu'il examine, la juste part de la vérité et de l'erreur. A ceux qu'il réfute, à ceux-là même dont il diffère le plus, il ne marchande pas son admiration, s'ils la méritent. Les objections qu'il leur adresse, il se les propose à lui-même, prêt à passer condamnation au cas où l'évidence serait de leur côté. Ajoutez que son style est clair, pur, sobre, substantiel, parfois discrètement coloré, d'une

sévère élégance et tout à fait approprié à l'exposition et
à la discussion philosophiques. Ses *Essais d'histoire,
de morale et de critique*, contiennent à cet égard des
morceaux qui ont été très-remarqués et loués par les
meilleurs juges comme des modèles du genre. Il a re-
levé avec plus de soin que personne les qualités d'esprit et de caractère des penseurs qu'il a combattus dans
leurs idées. Pour ne parler que de Spinoza, il y a un
accent ému dans les pages où M. Émile Saisset dépeint
la vie modeste, la tempérance admirable, les mœurs
irréprochables et aussi le courage civil de ce juif de
génie, si souvent et si honteusement insulté, alors
qu'une seule conduite était digne et juste envers lui :
l'examen de sa doctrine.

Les qualités que nous venons de signaler dans M. Em.
Saisset s'accordent avec les dispositions d'esprit de notre
temps et de notre pays. De tous côtés aujourd'hui on
demande aux philosophes de dogmatiser, mais à la
condition expresse que leur dogmatisme ressemble plus
à de la critique qu'à de la théorie. Trop laisser voir
qu'on parle de son chef, eût-on cent fois raison, c'est
éveiller quelques sympathies peut-être, mais à coup sûr
beaucoup de méfiance. L'auteur de l'*Essai de philosophie
religieuse* n'a eu garde de ne pas le comprendre. Il a
compris non moins judicieusement que la doctrine
qu'il embrasse n'était pas à fonder, et il avoue franche-
ment l'avoir reçue des mains de M. Cousin et de M. Damiron; il s'efforce uniquement et s'honore d'en continuer dans l'enseignement public la noble tradition (1).
Toutefois, pour un esprit tel que le sien, continuer n'est
pas répéter sous une forme un peu différente, c'est sur-

_____

(1) *Essai de philosophie religieuse*, 3ᵉ édition. Avant-propos.

tout approfondir, fortifier, organiser, et, autant que possible développer. Et voilà ce qu'a tenté M. E. Saisset.

Ses maîtres, avant lui, nous le répétons, avaient étudié les grands systèmes modernes de théodicée au double point de vue de la personnalité divine et de l'individualité humaine, réfutant ce qui était contraire à ces vérités essentielles, retenant et consolidant ce qui était propre à les soutenir. Mais ces vues historiques profondes, ces morceaux de critique souvent décisive, étaient épars dans des volumes séparés, et cette diffusion leur ôtait quelque chose de leur force victorieuse. Notre auteur reprend à ses frais ce vaste et difficile travail. il lit les textes comme si personne ne les avait lus précédemment; il les éclaire de tous les documents nouveaux découverts et publiés dans ces dernières années ; il exprime le plus pur de toutes ces doctrines, et le pèse avec la plus scrupuleuse attention. Il compose ainsi une œuvre d'histoire et de critique d'une rare et haute valeur, dont le tissu serré, la précision claire, quoique concentrée, et l'argumentation nerveuse satisfont ceux qui penchent de son côté, et doivent contraindre ses adversaires de bonne foi à compter sérieusement avec lui. Entre ces *Études*, qui remplissent tout le premier volume de la troisième édition, on remarquera particulièrement celles qui sont intitulées : *Le panthéisme de Spinoza*, et *le Dieu de Newton*. Il nous semble que rien n'existe d'égal à la première en fidélité, en exactitude, en netteté lumineuse (1). Quant à la seconde, nous avons vu avec le plus vif plaisir l'auteur y introduire

---

(1) Excepté cependant l'Introduction que M. E. Saisset lui-même a placée en tête de sa traduction des *OEuvres de Spinoza*, 2ᵉ édition, Paris, 1861, Charpentier.

quelques-unes de ces notions de physique et d'astronomie, lesquelles, bien choisies et mises à leur place, sans vaine ostentation, étendent heureusement le champ de la critique philosophique et communiquent à la discussion une autorité et comme une saveur nouvelles. Pourtant notre sincérité et l'estime que nous faisons du talent de M. E. Saisset nous obligent à lui déclarer que cette nouvelle édition des *Études* a laissé debout, dans notre esprit, certains doutes assez graves qui avaient déjà soulevés nos anciennes lectures de ce bel ouvrage. Mais ces mêmes doutes, les *Méditations*, contenues dans le deuxième volume, les provoquent à notre sens, plus fortement encore, et nous arrivons aux *Méditations*.

Sur la plupart des principes énoncés dans cette partie dogmatique, nul désaccord entre M. Saisset et nous. Nous n'avons qu'à le remercier du fond du cœur de l'énergie et du courage avec lesquels il a défendu des idées qui nous sont chères, à l'encontre de ce génie de la négation qui se prend de très-bonne foi pour le suprême degré de la puissance intellectuelle, et qui menace de ne s'arrêter qu'au néant. M. Saisset court aux digues : il ferme à propos et à temps les brèches qu'ouvrait le flot destructeur. Là aussi est une des causes du succès de son livre. Ce qu'il conserve, ce qu'il maintient du fonds spiritualiste, nous le tenons pour incontestable. En est-il de même de ce qu'il y ajoute, même alors qu'il s'autorise de l'exemple des plus illustres penseurs ?

Nous voudrions pouvoir le dire, mais nous ne le dirions pas sans manquer à ce que nous estimons être la vérité. Nous parlerons donc sans détour. Et d'abord nous rendrons hommage à la science et à la vigueur déployées

par l'auteur dans la *Méditation* sixième qui a pour titre :
La Providence dans l'univers. M. E. Saisset repousse la
doctrine d'un Dieu aveugle, d'un Dieu identique avec le
hasard, de quelque nom qu'on le couvre et de quelque voile qu'on l'enveloppe. Dieu est infiniment l'ordre,
et l'ordre qui est dans sa raison ineffable, il le répand
dans l'univers, aussi bien dans l'admirable ensemble du
tout que dans le détail des plus délicates parties. Partant, plus de monstres, selon M. Saisset, car un monstre
ce ne serait pas moins qu'une victoire du hasard ou du
désordre sur l'invincible volonté de la Providence. Nous
connaissons cette doctrine que nous avons étudiée et
goûtée dans la *Tératologie* de l'illustre et regretté Isidore
Geoffroy Saint-Hilaire. Mais nous pensons qu'une réserve doit y être faite. Oui, un monstre absolu est impossible et il n'existerait pas deux minutes, puisqu'en
lui le désordre l'emporterait radicalement sur l'ordre,
la mort sur la vie, le néant sur l'être. Ainsi tout être
qui vit contient par cela seul plus d'ordre que de désordre : bien plus, la vertu mystérieuse de l'action
providentielle y corrige, souvent dans une mesure considérable, les écarts de la force aveugle ou libre, et la
science constate l'ordre le plus adorable jusque dans les
plus tristes aberrations de la nature. Mais, répliquerons-
nous, s'il y a eu écart, il y a eu déviation; s'il y a ordre
rétabli, il y avait donc eu désordre commis. Ce n'est
pas tout : si le désordre commis était complétement
corrigé, la difformité ne serait jamais que passagère,
tandis qu'elle est, hélas ! trop souvent persistante. Il y
a donc dans l'univers des désordres physiques, et ces
désordres, malgré les lois qui les dominent et les atténuent, méritent maintes fois le nom de monstruosités.
La providence et la sagesse de Dieu en sont-elles at-

teintes? En aucune façon. C'est nous qui sommes ici les coupables. Notre liberté, finie et faillible, a été chargée de travailler, de concert avec la nature, à la perfection des êtres dont notre monde est peuplé, et à celle de notre propre corps. Or, ce monde qui nous a été confié, tantôt nous ne le gouvernons pas du tout, tantôt nous le gouvernons mal. De là le désordre, de là les monstruosités. En permettant qu'elles se produisent, la Providence nous avertit que nous avons mal géré notre domaine; en les corrigeant sensiblement et en montrant par quelles voies les monstruosités feraient retour à l'ordre, la Providence nous donne une leçon de meilleure administration. Une science plus profonde et moins enthousiaste de ses récents progrès avouera qu'il y a des monstres; elle enseignera aux hommes comment on en diminue le nombre, et, en connaissant mieux la responsabilité de l'homme en face de la nature, elle n'en proclamera que plus haut la bonté et la sagesse de Dieu qui nous a associés à son œuvre.

Toutefois, sur le point que nous venons de toucher, nous ne différons qu'en partie de M. Saisset. Au contraire, sur la question de l'infinité de l'univers, quelle que soit notre bonne volonté, et quelque effort que nous ayons fait pour découvrir l'évidence dans les arguments qu'il invoque, nous n'avons pu réussir à partager sa conviction. Nous n'objecterons point à l'auteur de l'*Essai* que l'infinité du monde entraîne l'identification du monde avec Dieu et, par conséquent, le panthéisme. Non, un infini d'étendue n'a rien de commun avec un infini de puissance purement spirituelle, et nous ne comprenons même pas que l'on ait eu recours contre M. Saisset à cette fin de non-recevoir. Nous entendons très-bien ce qu'il nous affirme avec Pascal : «Qu'il n'y

a d'être infini que Dieu, mais que le monde n'en est pas
moins un assemblage infini d'êtres finis. » C'est à cette
formule que nous nous en tenons, et c'est aussi de là
que jaillissent pour notre faible esprit des difficultés
innombrables. Nous n'en indiquerons que quelques-
unes, afin que, dans sa quatrième édition, notre éminent confrère nous aide à nous mettre en repos là-
dessus. Peut-être est-ce la faute de notre dure cervelle,
mais un infini composé de parties finies nous semble
absolument inadmissible; car enfin, comment le tout
sera-t-il d'une autre nature que la somme des parties?
Et dois-je, sur cette question, renoncer à un axiome du
sens commun? Mais, reprend-on, il ne s'agit ici que
d'une infinité *relative*, impliquant divisibilité et suc-
cession. Soit : mais c'est là justement ce qui nous
embarrasse. Infini relatif sonne, pour nous, comme
infini fini. Notre sincère désir est de voir résolue l'anti-
thèse de ces deux termes. Mais où donc en est la solution? Sera-t-elle dans cette réponse spécieuse et sédui-
sante : que le monde doit être infini à titre d'expression
de l'infini ? Relative, successive et divisible, cette
expression demeure, quoi qu'on fasse, infiniment ina-
déquate à l'objet exprimé, et manque le but pour lequel on l'invoque. On nie que l'univers ait des limites
dans l'étendue par cette raison que, s'il en avait, où
s'arrêterait le monde commencerait le vide. L'impossibilité, l'absurdité du vide est-elle donc ou un axiome ou
une vérité démontrée? Pas encore. Et que deviendrait
la théorie de l'infini de l'univers, si quelque habile
physicien, comme M. Regnault, M. Babinet ou M.Jamin,
arrivait à fabriquer une machine pneumatique telle que
le mercure fut au même niveau dans les deux branches
de l'éprouvette? Ce n'est pas fait, dira-t-on ; attendons

jusque-là. D'accord : attendons, en effet, jusqu'à ce
moment, avant de prononcer définitivement qu'un
espace vide est une pure abstraction de l'esprit, sans
aucune réalité objective, quelle qu'elle soit. Mais, en
attendant, la science physique, depuis Torricelli, ne
semble-t-elle pas tendre de plus en plus à confirmer cette
croyance à l'espace que plusieurs philosophes considè-
rent encore aujourd'hui comme une intuition de la
raison, la moins faillible de toutes nos facultés de
connaître?

Que M. Émile Saisset nous pardonne d'effleurer ainsi à
la course une question qui réclamerait un volume. Qu'il
veuille bien aussi ne point voir, dans celui qui écrit ces
lignes, un adversaire opiniâtre, mais uniquement un
homme qui a cherché la vérité sur ses traces et qui
regrette vivement de ne l'avoir pas trouvée. Est-ce à
dire que la question soit insoluble et que M. Saisset
ait eu tort de l'agiter? Ni l'un ni l'autre. Poser ces problèmes épineux et redoutables, mais vastes et magnifi-
ques, c'est agrandir la sphère d'action du spiritualisme,
c'est, en quelque façon, lui donner de l'air et accroître
ses forces par de rudes exercices. Ce n'est pas en remuant
des brins de paille que l'on augmente sa vigueur. En
outre, par ses profondes connaissances et par la trempe
toute particulière de son esprit, M. E. Saisset est, à nos
yeux, très-capable de dénouer quelques-unes au moins
des difficultés que nous lui avons soumises. Parvenu
qu'il est à la pleine maturité de son ferme talent, nous
espérons qu'il reprendra un jour la question des limites
de l'univers, et qu'il la conduira au delà du point où la
laissent et son ouvrage et l'éclaircissement qu'il y a
ajouté.

Cet éclaircissement, avec deux autres, l'un sur les

preuves de l'existence de Dieu, l'autre sur la définition
du panthéisme, porte à deux volumes cette nouvelle
édition. Nous ne le cacherons pas, ces additions troublent quelque peu l'unité et l'harmonie primitives de
l'ouvrage. La substance philosophique contenue dans
les trois éclaircissements appartient au livre lui-même,
et une refonte de quelques chapitres aurait pu, aurait
dû peut-être l'y faire rentrer. Nous n'ignorons pas ce que
de semblables remaniements exigent de labeur pénible ;
mais on a le droit de beaucoup demander à M. Saisset,
et nous sommes convaincus que ce nouvel effort eût
communiqué un degré supérieur encore d'éclat et de
force à celle de ses publications où il a le plus mis de
sa séve propre et de ses éminentes qualités personnelles (1).

---

(1) Ces pages, nous l'avons déjà dit, furent publiées en avril 1862.
Moins de deux ans après, celui à qui elles étaient consacrées, et qui
nous en avait chaudement remercié, était emporté par une mort
cruelle, dans le plein épanouissement de sa force philosophique. Avant
de succomber, il avait donné au public un autre beau livre intitulé :
Précurseurs et disciples de Descartes. Depuis que nous avons perdu
cet éminent défenseur du spiritualisme, le frère de M. Émile Saisset
a pieusement recueilli et fait imprimer les parties inédites de son
œuvre. De là trois autres volumes tout récemment mis au jour :
1° *Le scepticisme, — Ænésidème, Pascal, Kant —* (chez Didier).
2° *L'Ame et la Vie, suivi d'un Examen critique de l'Esthétique française* (chez Germer Baillière). 3° *Fragments et Discours* (chez le
même).

TABLE DES MATIÈRES

LIBRAIRIE GERMER BAILLIÈRE
17, rue de l'École-de-Médecine.

BIBLIOTHÈQUE

DE

PHILOSOPHIE CONTEMPORAINE

Volumes in-18 à 2 fr. 50 c.

H. TAINE. Le Positivisme anglais, étude sur Stuart Mill.

H. TAINE. L'Idéalisme anglais, étude sur Carlyle.

H. TAINE. Philosophie de l'art.

PAUL JANET. Le Matérialisme contemporain. Examen du système du docteur Büchner.

PAUL JANET. La crise philosophique. MM. Taine, Renan, Littré et Vacherot.

ODYSSE BAROT. Philosophie de l'histoire.

AD. FRANCK. Philosophie du droit pénal.

AD. FRANCK. Philosophie du droit ecclésiastique : Des rapports de la religion et de l'État.

AD. FRANCK. Philosophie du droit civil.

ALAUX. La Philosophie de M. Cousin.

ÉMILE SAISSET. L'Ame et la vie, suivi d'une Étude sur l'esthétique française.

ÉMILE SAISSET. Critique et histoire de la philosophie. (Fragments et discours.)

AUGUSTE LAUGEL. Les Problèmes de la nature.

AUGUSTE LAUGEL. Les Problèmes de la vie.

AUGUSTE LAUGEL. Les Problèmes de l'âme.

CHALLEMEL-LACOUR. La Philosophie individualiste, étude sur Guillaume de Humboldt.

2

CHALLEMEL-LACOUR. L Philosophie pessimiste.

CHARLES DE RÉMUSAT. La Philosophie écossaise.

— CHARLES DE RÉMUSAT. Philosophie religieuse : de la Théodicée naturelle en France et en Angleterre.

CHARLES LÉVÊQUE. Le Spiritualisme dans l'art.

DE SUCKAU. Étude sur Schopenhauer.

ED. AUBER. Philosophie de la médecine.

ALBERT LEMOINE. Psychologie des signes.

ALBERT LEMOINE. Le Vitalisme et l'animisme de Stahl.

LOUIS GRANDEAU. La Science moderne et le spiritualisme.

MILSAND. L'Esthétique anglaise, étude sur John Ruskin.

BEAUSSIRE. Antécédents de l'hégélianisme dans la philosophie française.

LÉOPARDI. Paradoxes philosophiques.

- LEBLAIS. Matérialisme et spiritualisme.

BOUILLIER. Du plaisir et de la douleur.

TISSANDIER. Du spiritisme.

VÉRA. Essais de philosophie hégélienne.

VÉRA. Essais de philosophie spéculative.

BÜCHNER. Science et nature, 2 vol.

MOLESCHOTT. La circulation de la vie, 2 vol.

S. DE LUCA. La philosophie chimique depuis Lavoisier.

GIORDANO. La philosophie de la physique.

BOST. Le protestantisme libéral.

SCHOEBEL. Philosophie de la raison pure.

JULES BARNI. De la morale dans les États démocratiques.

N. JOLY. L'Homme fossile.

LIBRAIRIE GERMER BAILLIÈRE

17, rue de l'École-de-Médecine.

BIBLIOTHÈQUE

D'HISTOIRE CONTEMPORAINE

in-18 à 3 fr. 50

HISTOIRE

DE LA

RÉVOLUTION FRANÇAISE

Par CARLYLE

traduite de l'anglais

PAR MM. ÉLIAS REGNAULT ET ODYSSE-BAROT

3 VOLUMES IN-18.

1ᵉʳ volume, **LA BASTILLE** ; 2ᵉ volume, **LA CONSTITUTION** ;
3ᵉ volume, **LA GUILLOTINE**.

Les ouvrages suivants, dus à la plume de divers écrivains français et étrangers, paraîtront successivement dans cette bibliothèque.

Histoire de Napoléon Iᵉʳ.....	1 vol.
Histoire de Louis-Philippe...	1 vol.
De la démocratie en Russie.......	1 vol.
L'Autriche de 1848 à 1864.......	1 vol.
Lord Palmerston..............	1 vol.
L'éducation primaire en Allemagne.	1 vol.
La révolution italienne..........	1 vol.

DEUXIÈME ANNÉE. — 1865.

REVUE
DES
COURS LITTÉRAIRES
DE LA FRANCE ET DE L'ÉTRANGER.

Reproduisant les principales leçons et conférences faites à Paris, en province et à l'étranger, dans les chaires de l'État et dans les cours libres, par MM. Franck, Alfred Maury, Ernest Havet, Ch. Lévêque, Paulin Pâris, de Loménie, Philarète Chasles, Michel Bréal, Martha, Patin, Janet, Egger, Berger, Saint-René Taillandier, Mézières, Geffroy, Caro, Wallon, l'abbé Gratry, l'abbé Freppel, Taine, Heuzey, Beulé, de Valroger, Guillaume Lejean, Jules Simon, J. J. Weiss, etc., etc.

Elle publie intégralement le cours de M. Ed. Laboulaye et celui de M. Valette.

REVUE
DES
COURS SCIENTIFIQUES
DE LA FRANCE ET DE L'ÉTRANGER

Reproduisant les cours faits dans les facultés et dans les établissements libres par MM. Claude Bernard, Berthelot, Chatin, Riche, Robin, Coste, Becquerel, Vulpian, Serre, Lacaze-Duthiers, et des leçons de MM. Milne Edwards, Boutan, Payen, Pasteur, Troost, Bouchardat, Jamin, Bouchut, Liebig, Moleschott, Palmieri, Remak, de Luca, etc., etc.

Ces deux journaux paraissent le samedi de chaque semaine par livraisons de 32 à 40 colonnes in-4°.

PRIX DE CHAQUE JOURNAL ISOLÉMENT.

	Six mois.	Un an.
Paris.................	8 fr.	15 fr.
Départements..........	10	18
Étranger.............	12	20

PRIX DES DEUX JOURNAUX RÉUNIS.

	Six mois.	Un an.
Paris.................	15 fr.	26 fr.
Départements..........	18	30
Étranger.............	20	35

L'abonnement part du 1er décembre et du 1er juin de chaque année.

Paris. — Imprimerie de E. MARTINET, rue Mignon, 2.

BIBLIOTHÈQUE DE PHILOSOPHIE CONTEMPORAINE

Ouvrages parus.

H. TAINE. Le Positivisme anglais, étude sur Stuart Mill.

H. TAINE. L'Idéalisme anglais, étude sur Carlyle.

PAUL JANET. Le Matérialisme contemporain. Examen du système du docteur Büchner.

ODYSSE-BAROT. Lettres sur la philosophie de l'histoire.

AD. FRANCK. Philosophie du droit pénal.

AD. FRANCK. Philosophie du droit ecclésiastique : des rapports de la religion et de l'État.

ALAUX. La Philosophie de M. Cousin.

ÉMILE SAISSET. L'Ame et la Vie, suivi d'une étude sur l'Esthétique française.

ÉMILE SAISSET. Critique et histoire de la philosophie (fragments et discours).

CHARLES LÉVÊQUE. Le Spiritualisme dans l'Art.

CHARLES LÉVÊQUE. La Science de l'invisible. Études de Psychologie et de Théodicée.

AUGUSTE LAUGEL. Les Problèmes de la nature.

CHALLEMEL-LACOUR. La Philosophie individualiste, étude sur Guillaume de Humboldt.

CHARLES DE RÉMUSAT. Philosophie religieuse.

ALBERT LEMOINE. Le Vitalisme et l'Animisme de Stahl.

MILSAND. L'Esthétique anglaise, étude sur John Ruskin.

A. VÉRA. Essai de philosophie Hégélienne.

BEAUSSIRE. Antécédents de l'Hégélianisme dans la philosophie française

BOST. Le Protestantisme libéral.

Ouvrages à paraître.

AUGUSTE LAUGEL. Les Problèmes de la vie.

AUGUSTE LAUGEL. Les Problèmes de l'âme.

CHALLEMEL-LACOUR. La Philosophie pessimiste.

CHARLES DE RÉMUSAT. La Philosophie écossaise.

DE SUCKAU. Étude sur Schopenhauer.

ED. AUBER. Philosophie de la médecine.

ALBERT LEMOINE. Psychologie des signes.

LOUIS GRANDEAU. La Science moderne et le Spiritualisme.

LÉOPARDI. Paradoxes philosophiques.

FRANCISQUE BOUILLIER. Du Plaisir et de la Douleur.

TISSANDIER. Du Spiritisme.

LEBLAIS. Matérialisme et Spiritualisme.

AD. FRANCK. Philosophie du droit civil.

A. VÉRA. Essais de philosophie critique et spéculative.

BUCHNER. Science et Nature. 2 vol.

J. MOLESCHOTT. La circulation de la vie. 2 vol.

BEAUQUIER. Philosophie de la musique.

S. DE LUCA. La Philosophie chimique depuis Lavoisier.

GIORDANO. Philosophie de la physique.

PAUL JANET. La Crise philosophique.

TAINE. Philosophie de l'art.

Paris. — Imprimerie de E. MARTINET, rue Mignon, 2.

9 782012 816022